Fur Nina an' Christopher

By **Tam Rannachan**
Illustrated by **Jane Cornwell**

A CIP record of this book is available from the British Library.

Paperback ISBN 978-1-9164915-1-9

First published in the UK in 2019
by The Wee Book Company Ltd.
www.theweebookcompany.com

Printed and bound by Bell & Bain Ltd, Glasgow.

Wi' big braw thanks tae Susan an' Andrew.

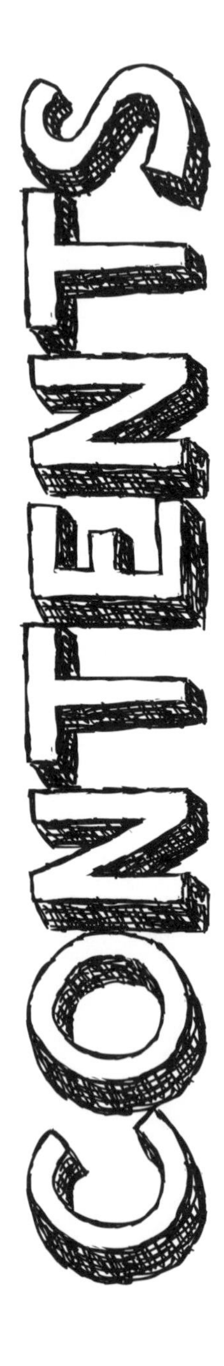
CONTENTS

Big Tam's Philosophy
- A bit aboot me – Big Tam
- Noo let's concentrate oan you
- Let this book be yer new best pal
- Be happy – it's as rare as hen's gnashers
- Git yer heid straicht
- Time tae get yer bahookie in motion
- Jist git it done
- Start wi' yer scran an' bevvy
- Tak a keek in thon mirror
- Yer gym is aw aboot ye
- If it's pishin doon or perfect, git it done!
- Yer wurkoot claithes
- Get yer kilt oan!

Big Tam's Kilted Wurkoots
- Wullie Wallace warm-ups
- Skelpin midgies n glaikit stretches
- Tattie scone trotter touches
- Lorne sausage sit ups
- Porridge plank
- Arbroath smokie star jumps
- Haggis swings
- Bampot bicep curls
- Pure deid brilliant dips
- Scotch pie push ups
- Thistle squats
- Cludgie clenches
- Bagpipe birls
- Neeps an tatties hunner yerd dash
- Coo pat lunges
- Clootie dumplin puttin
- Plain breid lateral raises
- Scottish kerry oot steps

Caledonia Cool Doons
- Coolin doon
- Cauf chokes an trotter pats
- Pin tae erse grabs
- Wind wheechs
- Oxter whirls
- Drookit shoogles

Big Tam's Post Wurkoots
- Ye've done it! Gaun yersel!
- Semmit an drawers sauna session
- Big Tam's motivatin meditation
- It's up tae you noo!

Big Tam's Diary
- 7 day scran n bevvy diary

Big Tam's Translation
- A wee bit o help wi sum o thae tricky scots wurds

A BIT ABOOT ME – BIG TAM

So, who am I tae tell ye tae git yer erse in motion? Weel, listen up cos I've been richt whaur ye are noo. Let me tell ye aw aboot it.

I was born an awfy long time ago in a wee single end hoose in Govan in Glesga whaur I lived wi ma Mammy an ma Granny. We didny hae twa pennies tae rub taegither so we didny eat too healthy. When we did manage tae scrape a couple o bob taegither in the hoose, my wee Mammy wid buy me hunners o sweeties tae mak up fur the skint times.

Noo, oor heids git intae habits we learn, so I ended up haein an unhealthy pairtnership wi scran most o my life. Jist like many o us, in my teens I'd eat hunners o shite an ended up lazin aboot wi a big kyte oan me an ma erse permanently planted in front o the telly. I cin tell ye noo, I felt awfy shite.

But in life ye cin either stiy the wiy ye ur or ye cin git up aff yer bahookie an git in aboot it. So, in ma teens, I took the high road an chose tae try an git up an do somethin aboot it. Aff I went intae a gym fur the first time!

Jings, I near keeched masel at aw the big weights an machines! This was an auld school gym whaur a'body seemed tae be built lik Desperate Dan. The sound o groanin an gruntin an the clunkin sound o metal bouncin off the flair was terrifyin tae me. The biggest weight I'd lifted up tae then was a plate o ma Granny's stovies.

So, whit did I dae? I turned an showed a clean set o heels an went richt back tae ma telly an unhealthy scran! The sweat was pishin oot o me jist watchin these mad big fellas. Aye, like many o us, I'd gave up gittin fitter afore I'd even startit.

Then a couple o days later wan o the big fellas frae the gym passed me in the street an said, "Richt big yin, git yer erse back in tae thon gym an I'll show ye whit tae dae." So, next day in I went wi a big reddie an let me tell ye noo tha big bam nearly kilt me! Efter tha session ma pins were tremblin lik a feart dug, my boady ached in nooks an crannies I didny know were thaur, an I felt as if I'd been hit wi a hunnerweight o coal.

The next few days as I lay aboot moanin aboot the pain, I swore I'd neer set foot in thon den o torture agin. But ye know sumthin? I cuidny believe it! A few days later – when I cuid walk agin – I actually felt magic, an a wee bit healthier!

So, back I went ivry couple o days an nearly got kilt agin an agin but each time – awtho it was hard an I screamed lik a big Jessie – I began tae kinna enjoy it. It aw got a wee bit easier as I got fitter an stronger. The mair I did it the better an easier it got, an I got used tae hirplin aboot wi sair legs as if I'd keeched masel!

Weel, it's been many a long year since the auld days an tha auld gym is long gone, but because o whit happened way back then, this auld fella still hits the iron – even tho it hits back a bit harder noo – because it maks me feel braw. I'm noo a Personal Trainer an Life Coach an I think I'll still hae weights in ma haunds when I'm in my zimmer!

Dinna git me wrong, ma pal I'm no wan o thae health freaks tha sits doon tae a wee glass o water an a couple o lettuce leaves an a wee slice o meat fur ma dinner. I love ma scran an a pint o guid Scottish beer, but the secret is tae keep it aw in balance.

Earn yer treats!

Git this in yer heid, ma pal!!! I'll say it agin ...

Earn yer treats!

NOO LET'S CONCENTRATE OAN YOU!

Dae ye feel thit yer legs are too short an hairy? Does yer belly gie ye the boak? Dae ye feel lik yer erse is like the back end o a haystack? Are ye racin snake skinny?

Nae matter whit, I want ye tae know thit ye cin start taeday an git tha erse o yers in gear! Jist start movin it a bit mair ... a bit mair an it'll work wonders.

Big or wee, auld or young, git it done!

Ye dinna hae tae try tae be lik one o thae laddies an lassies oan Baywatch (it's far tae cauld tae run aboot in yer drawers oan Scotland's beaches anyhoo) but ye cin aim tae be be the best version o you an ye cin hae a wee bit o fun oan the way. Thaur really are nae excuses fur those o us blessed wi mobility.

Too auld? Ye've got experience, ma pal, so use it!

Too young? Ye've got buckets o energy, use it!

Middle aged? Ye've got energy an experience, use baith o them!

Canny manage tae git tae a gym? Weel, read oan ma pal, this book's definitely fur you!

LET THIS BOOK BE YER NEW BEST PAL

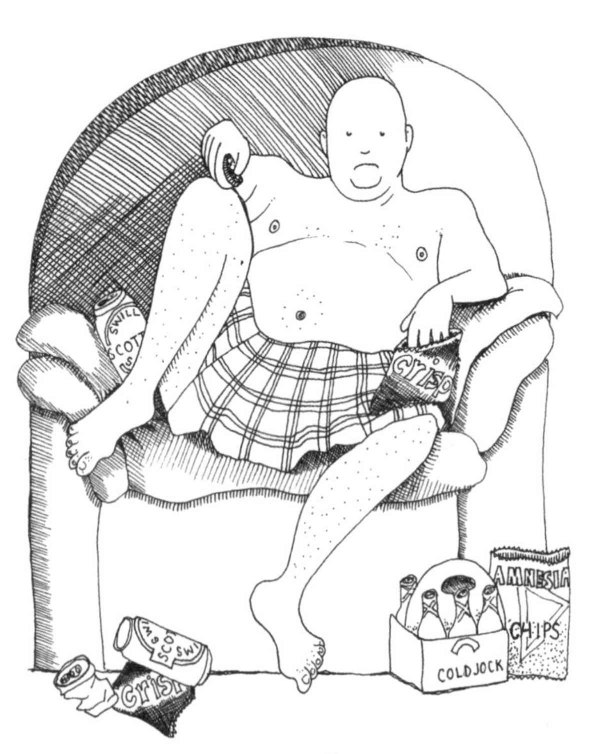

This book is here tae be yer new best pal. It's gaun tae be the pal who chivs ye along tae be tha bit better, who helps ye git a wee bit fitter an healthier as weel as makin ye chuckle oan the way. Efter aw, as we aw know, life can git awfy serious an we cin find oorselves stressed an knackered. Befure ye know it, we're stuffin oor faces wi fattenin scran an feelin as bloatit an stuffed as a Burns supper haggis.

Noo, keep it simple. Oor boadies only dae whit we tell them tae dae, an in turn, they respond in kind tae whit we dae tae them.

Yer boady is yer buddy, so gie it some love!

Ivry wan o us hus tae learn tae love oor own boady, an I mean REALLY love it – wi aw its faults an frailties. Jist accept it an do the best ye can wi it. When we love sumthin we nurture it, we look efter it an we cherish it. So, gaun fill yer boots wi love fur yer own boady. It's the only yin ye'll ever huv so mak the best o it an gie it some auld TLC – startin richt noo.

I dinna care whit negative stuff ye feel aboot yer boady, whit hang ups ye huv, whit loathin's hit ye when ye look in the mirror. Believe you me – ye cin change whit ye want tae! Jist stick tae a plan, an ye'll see an feel a difference.

BE HAPPY - IT'S AS RARE AS HEN'S GNASHERS

Aw along the way whit's really important, ma pal is how ye feel within yersel. Tae be healthy in yer body, ye've got tae be heathy in tha heid o yours, so aim fur bein happy. Why no? Life's short! So if ye're happy as ye ur then I salute ye, ma pal cos ye're hauf way tae huvin it sussed. Real happiness is as rare as hen's gnashers so enjoy it!

Be happy bein yersel or ye'll end up no well.

Aye, if ye want tae feel better in yer boady then straighten oot yer napper, an yer boady will follow. Y'see, yer boady's talented at adaptin tae aw sorts o new stuff. It's a richt fast learner, y'see. So ye dinna hae tae stiy the same as ye wur last month or the monthafore. Naw, yer boady is an amazin thing but jist like onythin amazin, sumtimes it needs a wee kick start an a wee overhaul noo an agin.

Think o it this wiy, if ye had a fancy caur tha ye were fair chuffed wi, ye'd polish an shine it up. Ye'd tak it oot tae start up the engine noo an agin, jist tae keep it runnin guid. Ye'd be oot showin it aff, revvin up the engine, an tootin the horn as ye pass the Pound Shop. Weel, jist imagine thit yer boady's yer caur an ye are the driver, ma pal. Aye, if ye want tae upgrade yer boady, ye'll hae tae start polishin and shinin it. Ye'll huv tae start workin oan it, so git intae the drivin seat!

GET YER HEID STRAICHT

Ye know, real beauty an happiness is within us aw. It's no sumthin tha is oan the ootside an it's a true sayin tha many a bonnie coupon hid a mingin sad heart within. Y'see, real happiness doesny come frae lookin like wan o yon skinny malinky supermodels tha pout aw the time, as if they're sookin a soor ploom sweetie, or frae struttin aroond the toon lik a musclebound Mister Universe. Naw, ye can hae the best boady in the world an still be a crabbit erse, feelin lik shite inside.

Whit this book is aw aboot is how tae help ye improve how ye feel inside n oot. Furgit yon photies o celebrities ye've seen. Yer only goal richt noo is tae be a better YOU the morra than ye wur taeday.

Gittin healthy definitely helps us feel better but mak sure ye know this wan wee thing, ma pal, ye're jist perfect as ye are. I'm no pullin yer pisser here an butterin ye up, aw ye huv tae dae is accept yersel, feel better aboot yersel an know tha whit ye're daein here is giein yer boady a wee gift o extra health. Yer boady'll love it. Trust me.

Noo remember thit a'thin starts wi oor thoughts, ma pal so keep an eye on them. Ye huv tae THINK yersel braw!

Get this intae yer heid:
Think shite – be shite!
Think braw – be braw!

TIME TAE GIT YER BAHOOKIE IN MOTION

It doesny matter if the thoucht o hittin the gym gies ye the boak, or if the sight o runnin shoes maks ye run to the cludgie. It doesny matter if ye feel mair like a donut than an Adonis, or if the closest ye git tae exercise is applyin yer athlete's foot cream at nicht. It's aw in yer heid!

It doesny matter if ye feel yer bahookie drags along the flair, an if yer belly belts yer knees when ye dae a jig. It doesny matter if ye canny see yer sporran ony mair, an ye dream o trimmin yer chops. It's aw gaun tae pass!

Keep it simple. Nae mair footerin aboot. It's time tae git tha bahookie o yers in motion an git startit, ma pal. It's time tae git it done!

Mind ye, it goes withoot sayin tha a'body hus tae git tae the doactor tae double-check tha startin a new wurkoot regime is gaun tae be a guid idea in terms o yer present state o health. So, mak sure tha a'thins guid tae go wi yer GP, git yersel checked an git it done!

Aye, ma pal ye'll hae tae put tha phone doon an switch aff yer computer, because fur many o us nooadays it's only oor thumbs an oor jaws tha git a daily workoot wi aw yon bletherin an textin we do. And ye cin furgit aw aboot yon 'och, I'll start oan Monday' shite ye aw tell yersels. Start it noo because noo is aw thaur is! Tha means tha oan Monday ye'll be better than ye are today. C'moan, who wouldny lik tae feel a wee bit better eh? Who wouldny lik tae hae mair puff in their pipes an be able tae touch their trotters withoot gittin stuck doon thaur?

Aye, let's wage war on yer wobbly bits! Let's git yer coupon painted an shout 'F-R-E-E-D-O-M!!!' like oor bravehearted Wullie Wallace. The battle starts noo an Big Tam's in yer army. Are ye ready? Course ye are!

JIST GIT IT DONE

Stick at this, ma pal an ye will see an feel changes. Aye, stick intae a daily dose o exercise an ye'll hae mair puff than the Flyin Scotsman. Jings, ye'll soon feel as pure gallus as a seagull swoopin fur a poke o chips in Saltcoats. But nae slacking mind! If yer wan o yon types tha always put things off tae later or wan o thae snowflakes, then stop it! Pin back yer lugs an listen. Ye cin dae this!

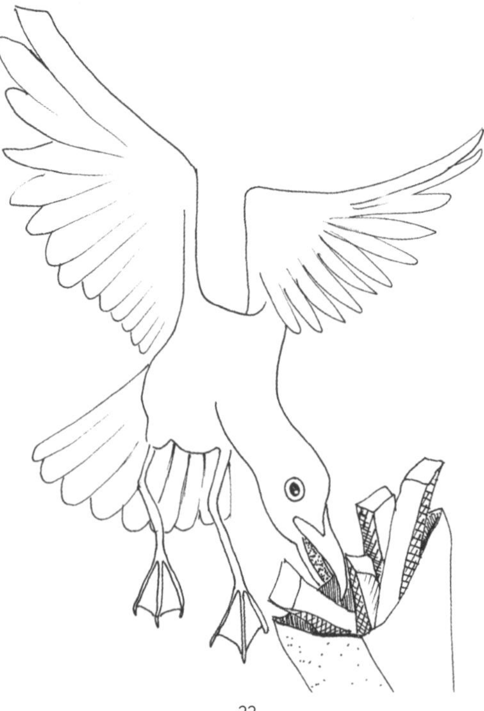

Noo, I canny promise ye'll look lik wan o thae celebrity types in a week or tha ye'll hae wan o yon 'six packs' the morra (no wan o yon six packs o beer ye buy frae the offy, but mair thae fat free bellies tha look like a tray o beef links in a butcher's windae) but jings, I cin promise ye one thing – stick intae aw thit's in this book an ye will see an feel changes.

So, listen up. Big Tam doesny put up wi procrastinators! It's a clean slate noo an as we said already, dinnae come tae me wi any excuses, awricht? Deal? Richt, git yer erse in motion an let's git it done!

Gold, Silver or Bronze?

Noo, huvin said aw tha, I know many o ye readin this will start oot wi aw the guid intentions o the wurld an then ye'll say one day in a few weeks or months "Uch, I'll hae a wee break today an git back intae it the morra" or "I'll start back next week or next month" an tha'll be it done! Aye, it'll be back tae bein a sofa tattie. It's the wiy o it. Y'see ma pal, I know many o ye will do this, because I've seen it hunners o times an I've heard aw the excuses tae. Trust me, I'm a doactor. No, I'm no! But ye git ma drift, eh? Dinna git me wrong, I'm no sayin yer a big lazy puddin or a'thin like tha, but the statistics tha aw these clever clogs add up say tha four oot o five folk who join a gym at the start o the year end up quittin efter five months. Jings, loads dinna even last tha long! So, here's whaur I'll surprise ye ...

I git why fowk gie up. I do, I really do. A night in front o the telly wi sum naughty scran is awfy temptin tae us aw. A night oan the bevvy wi yer best pals is hard tae miss. Passin the chip shop when it's twa fur wan night oan haggis suppers sometimes feels like yer commitin a crime. Aye, I git aw tha. I do. Changin oor lifestyle isny easy, I know but c'moan noo, I want ye tae gie this yer best shot, okay? It's aw up tae you. So, think oan - who are ye gaun tae be?

A Super Stoater?

As rare as a warm day in Whitburn, thae stoaters stick at it an dinnae throw in the towel when they've no turned intae a catalogue model in a month or twa.

Through rain, hail or snaw they git it done an feel aw the better fur it an end up reachin their goals. If ye're a Super Stoater, ye'll git a gold star an a big hi five frae me.

A Hauf Ersed Haddie?

Many o us start oot well but end up fallin aff the wagon mair times than a pished cowboy. Weel, aw is no lost, ma pal. As long as ye cin cut doon oan the shite scran a guid bit an git oot an aboot usin Shanks's Pony then yer doin an awfy lot better than ye used tae an tha's tae be applauded. A silver star an a wee kick up the erse noo an agin should keep ye goin.

A Game's A Bogey Bawchops?

Thae yins talk a guid game an keep sayin they'll hae a go, but they aw find an excuse tae plonk their erses doon sumwhaur, so they can shove cakes an sweeties doon their gobs instead. Noo, tha's aw fine an dandy, if they're happy within theirsels (tha's whit matters maist remember) but if they want or need tae be a wee bit healthier, then it's time tae stop wi the excuses! They need tae step awa frae the remote an put doon tha fattenin scran tha's makin them as oot o puff an slow as a snail tha's smoked fifty fags a day fur the past twenty years. Aye, time they got their erses in motion, eh? Baby steps at first, mind. Replacin unhealthy scran wi sumthin a wee bit healthier noo an agin, walkin instead o takin the bus, drinkin water instead o ginger ... nae point in aimin fur a complete change overnicht but a wee bit goes a long long wiy, eh? A wee bronze star if the bawchops move their bahookies noo an agin!

START WI' YER SCRAN AN' BEVVY

Noo, dinnae git yer drawers in a twist aboot it, but it's important tae lay aff the fattenin scran a bit. Ye can still hae a wee treat, as long as ye dinna hae wan ivry single day. Thing is tho, sumtimes we're no keepin an eye oan jist whit we throw doon oor necks foodwise. Bein aware o whit we're eatin is hauf the battle, so hoof it richt tae the back o this book an start yer 7 Day Scran An Bevvy Diary today – no the morra, dae it today!

Oer the next 7 days, write doon ivry single thing tha ye chuck doon yer neck, frae a glass o milk, tae a sneaky wee tattie scone, tae a roll an square sausage. Nae cheatin noo. Fill up thae fridges at the back o this book wi notes o athing ye eat an drink. Wance it's aw written doon, ye'll no only see a pattern emerge but ye'll also git intae the way o payin attention tae whit ye're consumin cos ye know, don't ye, tha ye'll huv tae cut the wee calories doon. Ye know, don't ye? Aye, ye do!

A'body knows whit calories are – they're the wee sleekit bawbags tha sneak intae yer cupboard at nicht an shrink aw yer claithes. Naw, naw, I'm jist kiddin aroon.

They're jist wee units o energy tha we aw need tae stoke oor fires an keep oor engines runnin. They're nothin tae git intae a stooshie aboot. Mind ye, the problem we hae nooadays is tha we let too many o the wee buggers in, an they end up hingin aboot oor boadies, paddin oot oor bahookies an bellies. So, it's best git tae know the wee buggers, start findin oot mair aboot them an whaur they hang aboot.

Accordin tae the NHS Doactors – an they know a thing or twa – the healthy daily intak o calories is:

Lassies – 2,000 a day
Laddies – 2,500 a day

So, mind 'n' cut doon oan the pies, the breid, the fries, the sugar 'n' the pastries. An' stiy awa' fae the takeaways tae! Ye'll reap the benefits, I'm tellin' ye!

Take away the takeaways!

TAK A KEEK IN THON MIRROR

Go an tak a keek in a big mirror richt noo an imagine yersel in a couple o weeks or months, lookin braw, feelin braw an bein braw as braw cin be! Imagine it! See it!

Imagine how guid yer gonny feel efter a few months o movin tha boady o yers mair an eatin a bit better. Ye hae tae believe in yersel noo. Ye hear me? Believe it!

Furgit aboot aw yon perfect eejits oan the telly wi aw their bits an bobs added, taken awa an tweaked by computers. Tha's aw a load o rubbish, ma pal. Erses git erased an abs git added an pictures aw git touched up. Whit yer lookin at in the mirror richt noo is real, an it's fan-chuffin-tastic!

If ye huv extra wobbly bits oan ye tha ye really dinna like, then dinna fash cos they're no you! Ye might hae fat oan ye but it's no who ye are. Oor fat bits are jist lik unwanted stragglers who who hang aboot efter a hootenanny! If they're annoyin us then the party's oer an it's time fur them tae scram! C'moan, ye've been lookin efter the wobbly bits fur a guid while, it's time fur them tae eff off noo!

Big Tam Tip: This is a naughty yin,but fur a wee chuckle pick sumbody oan the telly ye canny staund an imagine sendin yer wobbly bits through the air tae land oan their erse!

Anyhoo, keep keekin in thon mirror at any bits ye want gone. Noo, in yer heid, I want ye tae say tae them "Skedaddle ya wobbly wee bawbags ye!". Oan the ither hand, if ye feel yer too skinny an want a wee bit o buildin up then visualise exactly whit muscles ye want tae tone or grow an say in yer heid, "Ye're gonny grow aw hail an hearty, ye wee jobbies ye!".

Believe in it an mak it happen. It will happen! Aye, it will!

YER GYM IS AW ABOOT YE

So, dae ye want tae know the guid news? Ye'll no hae tae set foot in wan o the fancy gyms tae git the best oot o aw thae Big Tam exercises! Naw, we'll be doin aw this the Scottish wiy – auld school!

Thaur'll be nae faffin an footerin aboot wi the exercise machines or gittin yer breeks in a twist tryin tae figure the difference between yer dumbells an yer barbells. Naw, a'thin ye need is at yer fingertips in yer hoose an oot an aboot. It's aw thaur, ma pal. Jist keep yer peepers peeled an yer lugs open. Noo, jist follow this simple formula an ye willny go wrang:

WURKOOTS – dae yer wurkoots at least twice a week wi yer 'resistance' thingumays.

WALKIN – git oot thaur an git walkin, if ye cin, fur between thirty an forty-five meenits a day, tae git yer heart wurkin.

Eh? Whit's tha I hear ye cry? Whit are the 'resistance' thingumays? Weel, tae you an me, ma pal, they're 'weights' or thingumays which mak yer muscles wurk tha bit harder.

Mind, in this book, tae mak yer chuckle muscles wurk oot tae, I've thrown in sum o yer Scots favourites as 'resistance' an as motivation. I guarantee they'll keep a smile oan yer coupon richt til the end o this book. C'moan, who wouldny want tae imagine wurkin oot wi a clootie dumplin or a plate o porridge, eh?

Ye do know it's jist fur fun tho, don't ye? Dinnae tak it aw too serious! I'd hate tae think o ye slippin oan a tattie scone an trippin oer a haggis oan the way tae the cludgie. Jings, cin ye imagine? Laughter is the best medicine! Sumwan sumwhaur said tha, did they no? Mind ye, as ma auld auntie used tae say, it's nae guid fur treatin haemorrhoids!

Let's git fitter an no fatter!

Seein as this book is tryin tae git ye tae turn the corner an set ye oan yer way tae improved health an fitness, I'll sumtimes gie ye a wee nod as tae how many calories an fat is in each bit o scran. Ye'll thank me fur it! Aye, ye will. So, ma pal, the challenge is oan! Keep chucklin at ma references tae yer Scottish favourites, but nae chuckin ony o it doon yer neck.

IF IT'S PISHIN DOON OR PERFECT, GIT IT DONE!

Let's talk a wee bit aboot motivation, eh? It's the stumblin block tha lies at folk's feet, tha they trip oer, tha knocks them tae the flair, sumtimes afore they've even startit!

Weel, we aw know how hard it is tae git motivated when it's pishin doon ootside – thit's ivry day aside frae a week or so in June, in Scotland – or thaur's a guid film oan the telly, or thaur's a lock-in at the offy. An we aw know tha it's no easy tae eat healthy when the fridge is full o scran an bevvy, or next door's bakin a cake an ye cin smell it through the wa's. But tha's when ye know tha ye huv tae re-wire yer napper!

See, yer napper's naturally tuned tae git in a richt stooshie when it feels tha ye're deprivin it o a treat. When ye dinna wolf doon thon extra scran, it cries tae ye, 'ye big bugger, ye! Why are ye bein so mean to me?'.

But haud oan jist a meenit. Jist haud oan! Whit if ye re-wire yer napper tae feel tha ye're daein the WRANG thing by giein in tae wolfin doon aw thon fattenin scran an' parkin yer bahookie doon oan the sofa? Aye, whit if ye rewire yer napper tae see things aw different? Whit if ye startit tae associate guid happy feelins wi guid healthy diet an guid wurkoots?

See whit I mean?

Git happy aboot wurkin oot!

Aye, by makin a change in yer thinkin, ye'll re-wire yer napper an in turn, it'll drive ye tae mak changes!

I'm nae sayin tha it's a walk in the park, ma pal. Changin the wurkins o yer napper isny an easy thing tae dae, but it's dae-able an it's a winner! It'll aw be wurth it.

I promise ye tha if ye focus yer mind, re-wire yer napper, git yer erse in gear an stick at it, ye'll be swaggerin doon the street aw toned, trim, gallus an feelin magic wi yer kilt swingin like a saltire flag oan a windy day.

Ye're gonny love yer results!

Keep at it, ma pal. Mak it a daily part o yer life. Mak it as natural as brushin yer gnashers or washin yer oxters. If ye dinnae wash yer oxters, then ye better start as ye'll be sweatin!

Y'see, a feelin o real fitness is wan thing in the modern world ye canny jist order up instantly! It doesny come wi an app or wi wan o the instant deliveries. Naw, ye canny buy yersel a guid healthy boady online. Ye'll only git wan o them wi a fair bit o auld fashioned graft an determination.

So, git it done!

YER WURKOOT CLAITHES

Richt, noo yer mind's made up tae go fur it, thaur's nae need tae git yersel aw dolled up lik a dug's dinner tae git fit the Scottish wiy. Lose the lycra, shelve yer shellsuit an git sum tartan oan!

C'moan, cin ye imagine oor ain Wullie Wallace shoutin "F-R-E-E-D-O-M!" wearin a pair o thae psychedelic lycra leggins under his kilt? Nae wiy!

Dae ye think Christian Bruce (Robert the Bruce's big tough sister) refused tae go oot an kick erse withoot her sports bra an her wee fitness gadgits? Nae chance!

It's no the wrappin tha matters, it's the present inside!

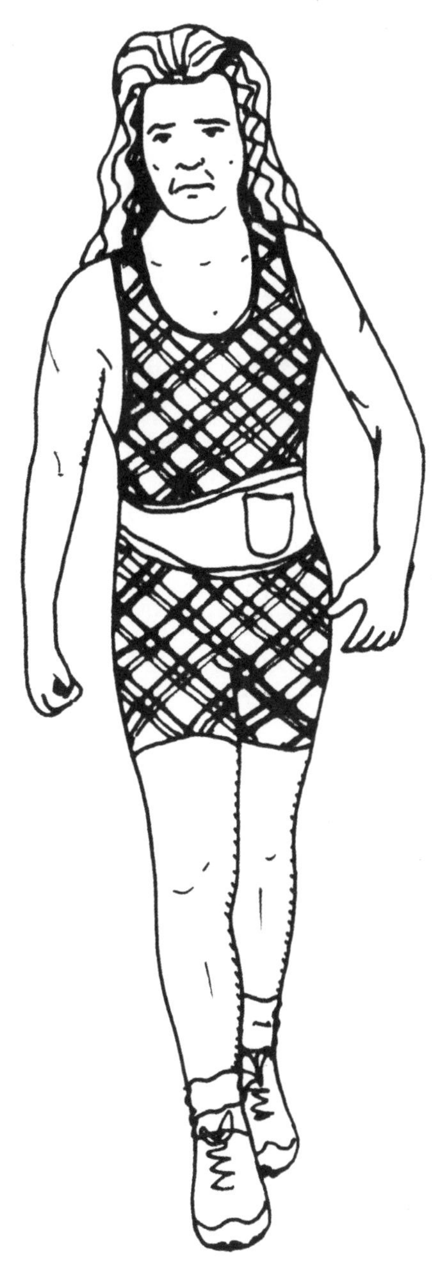

GIT YER KILT OAN!

Nothin gies us Scots such a feelin o freedom an swagger as wearin a kilt. As ye strut aboot, yer kilt swings wi ye, waftin in the air an lettin oot the heat so we dinna cook oor erses (is tha Ayrshire bacon?).

Aye, the kilt nae only hus its ain natural coolin system, it also hus its ain natural central heatin system. It cin keep yer bits an bobs aw warm an toasty oan a cauld nicht.

How braw is tha, eh? It hus jist the richt balance fur yer wurkoots! So, burn yer belly awa, ma pal an let the kilt dae its job o keepin ye at jist the richt temperature!

Mind, wurkin oot in a kilt does huv a doonside or twa. If it's blawin a gale, yer kilt cuid git blown up roond yer heid an ye'll end up lookin like a pokey hat frae the ice cream van! So, fur the sake o yer ain dignity an tae spare the blushes o the innocents roond aboot ye, beware o high winds!

Richt then, here we go, here we go, here we go-o-o-o!

Git a guid supply o yon H2O tae haund, chuck oot the swally an the fizzy sugary shite an git crackin. It's time, ma pal tae start yer wurkoots. It's time, ma pal tae GIT IT DONE!

BIG
TAM'S
KILTED
WURKOOTS

WULLIE WALLACE WARM-UPS

Let's limber up fur a start then, eh? Feel free tae paint yer pus hauf blue lik yon Bravehearted Wullie Wallace. Gaun yersel – whitever rings yer bell! But dinna blame me if it maks a richt mess o yer sheets later.

Sum o yer muscles might've no been used fur many a year, so we'll need tae wake them frae their slumber. Poor wee things. Mind, be richt carefoo wi this first move, tho. If ye've ony bother wi yer back then dinna dae it at aw. Ye hear me? I dinna want ye gittin stuck an endin up in yer scratcher fur a week or twa!

This wan'll git yer boady stretched an loosened up afore ye git startit oan the other stuff.

Richt, ye ready?

Here's whit ye dae:

Sit yer erse doon oan the flair wi yer pins apart an straicht oot, jist as if ye've jist slipped an fell oan yer erse oan an icy day.

Noo tak a puff o breath in an gently reach acroass tae yer left trotter. Dinna stretch o'er much, mind.

Yer kyte micht be in yer wiy if ye're a wee bit hefty, so dinna push yersel tae faur.

Jist reach doon tae yer trotter as faur as ye cin an haud it fur a coont o five.

1 ... 2 ... 3 ... 4 ... 5 ...

Noo, feel the stretch in the back o yer pin at the hamstrings an in yer back, an gently ... gently ... go back tae yer startin position.

Noo, repeat the same wi' yer right pin. Tak a puff o breath in an gently reach across tae yer richt trotter. Dinna stretch o'er much, eh?

Aye, reach fur tha trotter lik it's a fiver tha's fell doon a stank. An back ye come.

Weel done! Gaun yersel. Dae it aw anither three times oan each pin. Tha's braw! Weel done!

Noo, throw yer heid back an cry "F-R-E-E-D-O-M!".

Pure dead brilliant.

Noo, let's git ye up aff thon bahookie o yers an staund up agin. Mind tae git up slow tae begin wi – we dinnae want ye gittin dizzy an staggerin aboot, as if ye're blootered at the bells oan Hogmanay. Git up slow, ye hear me? We dinnae want ye tae faw doon erse up!

Noo, wance ye're up I want ye tae keep yer hips facing frontwise an put ur airms oot tae yer sides like a wee sparra ready tae fly awa.

I know ye'll be feelin daft, ma pal but dinna fash aboot tha!

Noo, wi yer airms oot, swivel the top part o yer boady gently tae the left an then tae the richt. Mind tae keep yer hips facin frontwise aw the time an mind ye dinna skelp onythin or a'body. Aye, mak sure ye huv hunners o space aroon ye.

Noo, keep swivellin gently, ma pal. Imagine ye're pushin yer wiy through yon crowd o mad mental shoppers oan Princes Street oan a Saturday efternoon.

As ye stretch tae the richt, feel free tae cry, "Oot ma wiy, bawheid!". As ye stretch tae the left, feel free tae cry, "Haw, move oan, fannybaws!".

Dae this a couple o times oan each side tae oil yer hinges a wee bit an cry frae the top o yer lungs – awa tae buggery wi the neighbours! Let them hear ye cry it frae the rooftaps!

Ready noo?

Fill yer lungs an cry, "F-R-E-E-D-O-M!".

Gaun yersel!

Noo, let's mak it jist tha bit harder.

Ye ready?

Keep staundin an reach up as high as ye can wi baith airms. Stretch up as if yer trying tae git the last pack o Irn Bru frae the top shelf o the corner shop. Slow an carefoo, mind!

"Nae hurry means nae worry!"

Haud fur a coont o five.

1 ... 2 ... 3 ... 4 ... 5 ...

Noo, go back tae the startin position an slowly stretch up agin. Dae this – up an doon – at least five times.

The stretches are important to loosen ye up an git ye ready fur the wurkoots aheid o ye.

How braw does tha feel, eh?

Gaun belt it oot this time, "F-R-E-E-D-O-M!".

SKELPIN MIDGIES N GLAIKIT STRETCHES

Noo, fur the next warm up stretches, I want ye tae stretch yer airms richt oot tae yer sides. Aye, it's time to mak lik yon wee sparra agin!

Stretch as faur as ye cin in comfort. Aye, stretch richt oot.

Noo, stretch yer airms back behin ye til ye feel it in yer pecs (yer chest).

Gently bring yer mitts taegither in front o ye, as if yer tryin tae smack a midgie. Dinna dae this too hard or too fast, ma pal. Jist go easy.

Stretch oot agin an repeat anither 5 times.

Noo, I want ye tae imagine tha ye're wan o the air traffic controllers ye see in the airport oan yer hoalidays. Ye know thae fowk wi thae twa ping pong bats directin aw the planes whaur tae go? Aye, them! Weel, ye're gonny wave yer mitts aboot yer sides an up an doon, jist lik them.

Raise yer airms up frae yer sides tae above yer napper, an clap yer mitts taegither – jist as if ye're shoutin fur mair at a Proclaimers concert.

Repeat it aw anither 5 times, warmin up yer shooders.

Noo, let's stretch yer neck a bit, eh?

Staund still whaur ye ur, wi yer airms at yer side. Noo, gently tip yer napper tae the richt side an haud it thaur fur a coont o ten.

1 ... 2 ... 3 ... 4 ... 5 ... 6 ... 7 ... 8 ... 9 ... 10 ...

Noo, tip it tae the left an haud fur anither coont o ten.

1 ... 2 ... 3 ... 4 ... 5 ... 6 ... 7 ... 8 ... 9 ... 10 ...

Ye'll look jist like a glaikit dug wantin a bone but nae matter, it'll dae the job o gittin ye warmed up.

Brilliant!

TATTIE SCONE TROTTER TOUCHES

Noo, afore we crack oan wi the richt sweaty stuff, let's hae a go at wan mair wee stretch ... tae loosen up thae hinges o yers ...

Weel, we aw love a wee tattie scone noo an agin, so fur daftness, how aboot we use them – or mair, the idea o them – tae help ye stretch?

Staund wi yer trotters a wee bit wider than yer shooders an imagine puttin a tattie scone oan each trotter. Noo, reach doon tae yer left trotter wi yer richt haund an prod yer tattie scone.

In yer heid say, "I'm gonny eat ye in a week ur twa!" an haud it fur a coont o five.

1 ... 2 ... 3 ... 4 ... 5 ...

Noo, gently bring yersel back up. Braw!

Richt, reach doon tae yer richt trotter wi yer left haund an in yer heid say, "Ye're no gittin away, ye're gittin scoffed tae."

Noo, gie it a wee cheeky prod an haud it fur a coont o five.

1 ... 2 ... 3 ... 4 ... 5 ...

Brilliant! Noo, back up ye git.

Fur this warm up, ye'll no be shovin the tattie scones intae yer gob cos they're no the best fur a diet, ma pal (dae ye know they're aboot 100 calories an high in sodium, so they are?) but ye cin hae wan as a wee treat in a few days time, if ye're guid. Deal?

LORNE SAUSAGE SIT UPS

Richt, tha's the warm up o'er.

Let's git started on yer kyte!

Noo, a'body in Scotland loves a roll an square slice lorne, especially slapped wi lashins o butter an squeezed intae a guid fresh mornin roll. Mind, we aw know it's no very healthy fur us so insteid o shovellin it doon yer thrapple an puttin bulge oan yer belly or fat in yer veins, why don't ye use it as a wee incentive tae git yer sit ups done an hae a wee chuckle at the same time?

Richt, git yer erse oan the flair an imagine tyin the roll an lorne so tha it hings frae the ceilin, jist at sittin height richt in front o yer gub. Aye, imagine tha it's near enough tae smell but faur enough awa so ye canny hae a bite!

Noo, keep yer knees bent an lie back oan the flair. Sit up till yer nose is near touchin the roll, tak a richt guid sniff o it an say tae it, "Ya fattenin wee bastard – in a month's time yer mine!".

Noo, lower yersel back doon agin tae the flair. Repeat ten times an mind, nae imaginin tha ye're takin a bite oot it! It's aw aboot the self control, see?

Still, if ye're guid, ye cin hae a treat o wan in a couple o weeks.

PORRIDGE PLANK

A bowl o pipin hoat porridge oan a cauld mornin is by far wan o the healthiest starts tae the day ye can huv. Packed wi guid carbohydrates, it fair sets ye up fur yer tasks aheid an gies ye fuel in yer tank fur a guid few hours (wi skimmed milk it's aroon 170-200 calories a bowl, an full o guid energy).

So, git a bowl full o porridge doon yer neck an dae the plank, a wurkoot tha'll tone yer trunk an hae ye feelin braw in nae time at aw.

The plank is a simple but stoatin wurkoot. It isny rocket science but jings, it's a belter! Ye dinna need tae move much but it fair strengthens ye an is a braw wiy tae start yer day. Let's say, then tha we combine the plank wi yer porridge – in yer imagination, anyhoo. Richt, git yersel face doon oan the flair an imagine ye were aboot tae dae a press up, wi yer knees up aff the flair.

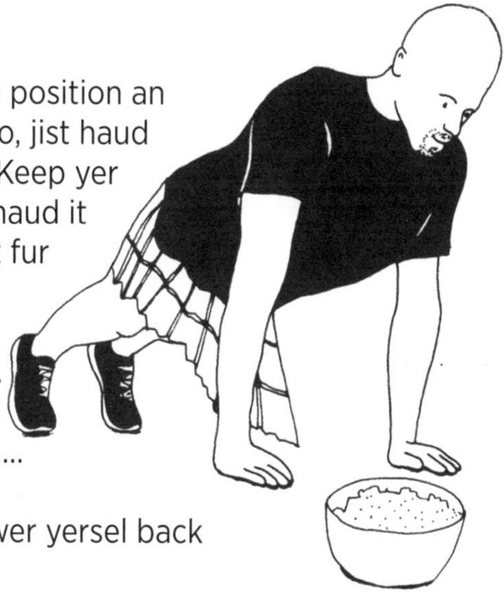

Git yersel intae tha position an push yersel up. Noo, jist haud yer hoarses thaur. Keep yer boady straicht an haud it ... haud it ... haud it fur a coont o ten.

1 ... 2 ... 3 ... 4 ... 5 ...

6 ... 7 ... 8 ... 9 ... 10 ...

Then jist gently lower yersel back doon tae the flair.

Noo, here's whaur we add a wee bit o danger an a bit o Scottish gallusness intae the equation. Imagine ye're shovin a bowl o cauld porridge oan the flair, richt under yer chin.

If tha doesny motivate ye tae haud the plank fur a longer coont, nothin will! C'moan, ye dinna want a pus foo o cauld porridge!

ARBROATH SMOKIE STAR JUMPS

Richt, I ken some of ye readin maybe dinna know whit an Arbroath Smokie is. Weel, never fear (ye Sassenach, ye!) fur I'm aboot tae tell ye whit they are.

An Arbroath Smokie is a fish – a haddock tae be exact – tha's been ... er ... smoked. It originates frae ... er ... Arbroath! Maks sense, eh? They're a braw source of low fat protein, tho sae tak them serious. They each hae 22g o protein an only 95 calories. Crackin'!

Richt, let's set tae it. Nae mair procrastinatin!

Fur this wurkoot, ye can imagine tha yer takin a haud o twa smokies. Tak a smokie in each haund, place yer trotters shooder width apart, airms oot tae the side. Noo, dae a wee jump, pullin yer pins apart a wee bit an swingin yer smokies up above yer heid at the same time. Mind ye, dinnae slap yer smokies taegither too hard, ye dinna want tae spoil them, an ye dinna want yer napper covered in Arbroath Smokie bits, if ye're aff oot winchin later oan! Ye'll be boufin!

Noo, bring yer airms back doon an repeat anither 9 times, cryin, "I'm a winner, I'm a winner, I'm huvin' Arbroath smokies fur ma dinner!". Aye, dae a full set o 10 o these, an if ye're nae too puffed oot, hae a wee 30 second break then dae the same agin.

Gaun yersel!

Try tae start wi 5 sets o thae wee star jumps, an aim tae build up tae 20 sets, as ye git fitter. Efter ye've finished, hunt oot the Smokies fur yer dinner. They'll feed yer muscles, ma pal.

HAGGIS SWINGS

We aw know tha Scotland's national dish is an acquired taste an many fearties run awa when they ken wha it's made o, but it's braw tae imagine tha it cuid be used as a weight tae git wur erses aw toned! Haw! Wha a sight!

Huv ye heard o kettlebell swings? Thae big heavy roond thingumays wi a haundle? Weel, imagine substitutin wan o them wi a big belter o a haggis.

Richt, tak yer big haggis an haud it at airm's length in front o ye. Noo, let it drop doon in front o yer sporran area.

Spread yer pins wide an bend yer knees a bit. Keep yer back straicht an yer heid up, lookin straicht forward.

Richt, noo ye'll be lookin lik a cross between a gorilla an a Scotland fitbaw goalie gittin ready fur a penalty kick. (No much difference between the twa I hear ye cry!).

Noo, keepin tha back straight, mind, swing yer haggis atween yer legs til ye swing it richt up in front o ye, jist up above yer heid! Mind an clench yer erse cheeks ivry time the puddin's up in the air! Noo, let it swing back doon an bend yer legs.

Repeat til ye're oot o puff. (15 – 20 swings tae be startin wi shuid dae it!).

Durin yer swings, haud ontae yer haggis tight. A flyin haggis is a dangerous an shockin' thing!

If ye're feelin a bit patriotic, feel free tae quote oor national bard, Rabbie Burns as ye're swingin, "Fair fa your honest sonsie face, Great chieftain o the pudding race!".

Oh aye, this'll tone yer pins, shape up yer bahookie an scare a'body within a 5 mile radius tae buggery!

BAMPOT BICEP CURLS

Noo, how about wurkin oot towards sum gallus guns? Aye, we're gonny hae some fun an dae it the bampot wiy! C'moan, it's time tae channel yer inner bampot! Ye know the wan – the wan who's blootered oan a Saturday nicht, staggerin doon the street efter the dancin, singin his wee bampot heart oot, birlin aw oer the place an balancin his beer withoot spillin a drop as he heids fur the last bus hame. Aye, him!

Jings, if ye channel yer inner bampot wi full force, it'll power ye through this wurkoot, nae danger.

Noo imagine grabbin a can o lager in each haund (200 calories per can so stay awa frae the stuff) an keep yer palms up. Noo, slowly lift yer beers up tae yer shooders then back doon agin. If ye want tae push the wurkoot further, git yer cans up near enough tae yer coupon – near enough tae kiss the metal.

Go fur 15 repetitions tae start wi. Hae a wee break fur 30 seconds, then go fur it agin.

Feel yer biceps beer burn, an come oer aw bampot, cryin "Git it richt up yeez!" an "I'm mad mental (insert yer name)".

Tae go full bampot, jist sing loud an way oot o key.

PURE DEID BRILLIANT DIPS

Noo, it's time fur yer tricep dips, Scots style.

This wurkoot will sort oot whit they cry 'bingo wings' thit wobble aboot when ye wave.

Richt, we're gonny git ye in a gallus mood here. Mind, dinna dae this if ye hae any trouble wi yer elbows or knees, okay?

Sit yer bahookie oan a secure bench or solid chair (make sure it willnae slip away frae ye or topple o'er). Put yer trotters oan the flair an mind keep yer knees taegither. Mind, no too much, no as tight as if ye were burstin fur a pish or anythin like tha.

Noo, haud oan tae the seat o the chair as if ye're gonny git up tae mak a cuppa tea but instead, shift yer erse off o the edge an let it hover in mid-air fur a wee meenit.

Noo, I want ye tae lower it a wee bit towards the flair while slightly bendin yer airms.

Tak it easy, noo. This isny easy fur beginners so be carefoo. Dinna bend yer airms too faur at first an straichten them back up agin.

Try an dae a wee set o 10 repetitions but dinna be hard on yersel if ye canny dae tha many, an be happy wi whit ye've done! Treat yersel tae a wee highland fling aboot the hoose richt efter!

Gaun celebrate!

Wance ye git the hang o the dips, ye can really start showin auf. Crivvens, next thing ye know ye'll be sae steady ye'll be able tae balance onythin oan yer napper whilst ye're dippin up an doon, cryin "Git me, eh? Aye, jist git me!". Ye'll be the talk o the steamie!

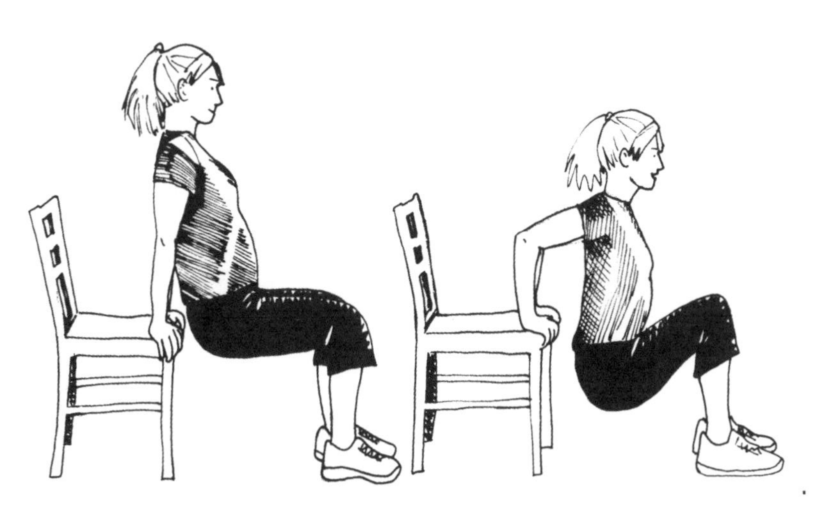

SCOTCH PIE PUSH UPS

The mention o ony kind o push up cin mak a beginner sweat buckets. Thaur's nae denyin tha they're no the easiest fur onyboady new tae wurkin oot but gaun trust Big Tam. We'll hae ye daein the push ups in nae time at aw. Jist start a wee bit at a time.

Wee steps at a time mak up BIG strides in life!

Push ups tone yer shooders (front deltoids), the back o yer airms (triceps) an chisel yer chest (pectorals). Aye, fur upper boady strength, they're wurth daein.

Mind, they're no easy, tho so let's mak it a bit mair interestin, eh? Scots style, o course!

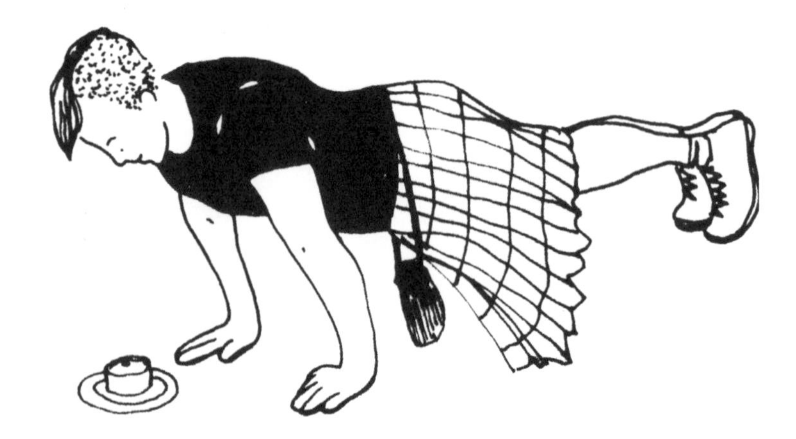

First, lie face doon oan the flair.

Noo, imagine tha ye've got a Scotch pie richt under yer chin (o'er 300 calories foo o fat an salt).

Noo, place yer haunds a wee bawhair wider than yer shooders, keepin yer trotters taegither an pins straicht oot, wi yer tootsies oan the flair.

Noo, PUSH yersel up. C'moan, push! Git it done!

Noo, cry oot, "I'm eye tae eye wi ye, scotch pie. I'm no gonny eat ye, I'm aboot tae beat ye!"

So, did ye manage it? If it wis oan the hard side, here's an easier wiy fur ye tae try noo.

Stiy in the same position but this time put yer knees oan the flair an keep them thaur. Raise yer trotters up a wee smidge at the back an try daein yer push ups noo.

Ye'll find this a lot easier as the leverage helps tak yer bodyweight.

Keep at the push ups noo an dinna be disheartened, ma pal if they're beyond ye. Remember, Stirlin Castle wasny built in a day! It taks time an auld fashioned sweat tae git whaur we want tae be in life.

Gaun yersel!

THISTLE SQUATS

Noo, if ye want a bahookie as hard as the Tay bridge an legs aw toned lik girders, squattin is the exercise fur you. Squats are no easy, tho so be carefoo, eh? If yer knees are knackered or yer back is jiggered, then gie the squats the hipsway.

Weel, it's important tae dae the squats richt. Ye hae tae use the perfect form when lowerin yer erse doon or ye'll no git the benefit, an ye run the risk o bein stuck doon thaur like wan o thae sumo wrestlers. No a guid look!

Aye, the form has tae be perfect oan the squats, ma pal so tae help ye oan yer way, imagine tha ye're gonny balance yer erse o'er the Scottish national emblem – a big jaggy thistle. Haw! Ye'll love me efter ye see the results in a few weeks, sae indulge me, will ye? It maks me chuckle at the very thocht o it! I dae hae a wicked streak.

Richt, are ye ready, ma pal?

Keep yer back straicht, heid up, trotters shooder width apart, tootsies furward an gently lower yer erse doon. Dinnae go too faur doon – remember yon thistle!

Imagine if thon jaggy flower came intae contact wi yer bahookie, ye'd be jumpin like a flea oan a dug's back!

Noo, straighten up tae yer startin position agin.

Dae 10 repetitions then hae a wee rest.

Dae 4 sets o 10 repetitions, keepin yer form perfect, keepin yer distance frae thon jaggy thistle, an cryin oot, "Lookie lookie at ma toned bahookie!".

In a few weeks, ye cuid git sae gallus tha ye cuid imagine addin extra resistance oan yer shooders – twa clootie dumplins shuid dae the trick!

CLUDGIE CLENCHES

Dae ye know tha oan average it's said tha each o us spends 3 hours an 9 meenits a week oan the cludgie? Imagine tha! Yet, very few o us exercise anywhaur near as much as tha. So, fur a wee bit o daftness, why no occasionally combine the twa?

It's true tha fur sum o us, hidin awa tae dae a wee keech is the only bit o peace we git frae the busy wurld outside. Aye, behind tha wee locked door we git tae be by wurselves jist fur a wee while. Still, why no use tha time weel? Why no add in a wee cheeky exercise tae tone yer bahookie cheeks an yer pins while ye're in thaur? Aye, why no dae the Cludgie Clench?

Weel, how does it wurk then, I hear ye cry? Sit tight (haw!), an I'll explain all!

Noo, think o tha moment when ye're aboot tae park yer erse doon oan the pan, yer door's snibbed an ye huv yer newspaper in yer haund ready fur a wee read. Crackin!

Weel, focus oan tha moment, haufway between the moment ye bend doon, yer bahookie in descent, an when it lands oan the porcelain, lik a sack o tatties fawin aff the back o a lorry. Aye, thaur's a fine point hauf way doon when yer pins start tae quiver a wee bit an yer bahookie starts tae shoogle an tense up.

THA'S yer magic point thaur, ma pal! THA'S the Cludgie Clench! THA'S the point whaur yer pins'll git toned an yer buns'll git blasted! So haud it thaur fur a coont o 5 ...

1 ... 2 ... 3 ... 4 ... 5 ...

Noo, if ye can dae it oan the way doon, ye can dae it oan the way up! So, lift yer bahookie up frae the pan tae tha wee magic point an haud it whaur fur a coont o 5 ...

1 ... 2 ... 3 ... 4 ... 5...

An dinna furgit tae cry, "Buns ur tight afore a shite!"

Repeat the whole episode aboot 5 times tae start wi an build up tae 3 sets o 10 repetitions. Aye, the Cludgie Clench will gie new meanin tae the phrase 'tight erse'! It'll start tae sound lik a positive thing!

If ye want tae push this wurkoot a bit further, tak a bottle o shampoo in each haund an press them up an doon tae the ceilin mid clench. Aye, wurkoot yer shooders tae!

BAGPIPE BIRLS

Nothin says 'Scotland, ya bam!' mair than the wailin o the bagpipes, but does oor bonnie braw instrument hae any uses ither than beltin oot 'Scotland the Brave'? Cuid it be used in oor imagination tae git us a wee bitty fitter?

Oh aye! Y'see, the pipers oan Edinburgh's Royal Mile look aw calm an cool as ye lik, as they puff their wee hearts oot fur the tourists' entertainment.

Mind, if ye tak a closer peek ye'll see tha bagpipes are awkward things tae manoeuvre aboot an they can weigh a guid few pounds tae.

So, how cin we turn oor braw bagpipes intae bits o fitness equipment?

Weel, if ye cin play the pipes then guid fur ye! Git them oot an crack oan wi this wee wurkoot, but if no, jist fake it, eh? Git yersel a sportsbag an shove a couple o bits o wood in it – cos it's no 'air guitar' ye're aboot tae play, it's 'air bagpipes'.

Noo, crank up the auld stereo wi a reel o pipes an drums an gie it laldie, birlin roond the hoose, playin the pipes an swingin' yer kilt. Imagine it's Hogmanay in Auld Reekie an birl lik naebody's watchin.

Noo, cry oot, "Happy Hogmanay tae my wobbles – yer away!"

Aye, this'll git yer auld heart pumpin an it'll sweat the life oot o ye. Efter a few weeks, dae it longer, dae it louder, dae it dafter!

Scots cardio, ya bam!

NEEPS AN TATTIES HUNNER YERD DASH

Many o us Scots love oor neeps an tatties aw mashed up an served steamin hoat wi the national dish o a freshly caught haggis. Believe it or no, they're guid fur ye an healthy tae (neeps only hae 28 calories per 100 gm an an average tattie has only 110 calories, so git them doon ye!). Mammy, Daddy, ma mooth's waterin here bletherin oan aboot em!

Noo, did ye know ye cin use weights – akin tae imaginin bags o thae fine veggies – tae git wur tickers tickin? Be carefoo if ye huv ony problems wi yer back or yer bones, ye hear? If it's tae much fur ye, stick tae sumthin easier. Only dae this if ye feel yer up tae it.

This wurkoot is best done oot in the park, whaur ye'll hae sum space tae dash aboot, unless ye hae wan o thae big posh hooses in which case ye shuid go fur it, ya toff ye!

The secret tae this wurkoot is to imagine tha ye're liftin yer neeps an tatties in the bags ye bought em in, aw fresh frae the local shop.

Noo, pick yer startin spot an mark it, leavin yer weights – yer neeps an tatties – thaur. Noo, walk fifty yards – aroond aboot 60 steps unless ye hae legs like a big Jenny Long Legs – an mark anither spot, fur this is gaun tae be yer runnin track.

Noo, go back an grab yer weights – yer neeps an tatties – wi a straicht back an yer legs bent at the knees. Coorie them intae ye, keepin them richt close to yer chest an start trottin, keepin yer back straicht, along yer runnin track.

If ye run oot o puff an start soundin lik a burst accordion, then tak a meenit oot tae git yer puff back an start aw o'er agin!

As time goes oan an ye git fitter an stronger, ye can mak yer runnin track longer an ye can coorie mair veggies intae ye. Jings, ye can mak it harder ony wiy ye please!

Keep at it, ma pal an soon yer boady will git stronger. Ye'll be as fast as a wee cat chasin a fishmonger's truck.

COO PAT LUNGES

Richt ma pal, these belters ur gonny tone yer bottom hauf an git yer auld heartrate up tae.

Imagine readin yon 'Fifty Shades' at the same time as watchin Scotland giein it laldie aginst England at Murrayfield oan a bilin hoat day, wearin a big Arran Knit sweater an woolly drawers, an yer heartrate will still no be onywhaur near as pumpin as it will be wi these wurkoots. They're no easy but wi a wee bit o imagination, ye'll git them done. Aye, ye'll end up wi thighs tha cin break a bar o toffee.

Richt, keep yer lugs pinned. A lunge is an exercise whaur ye tak big long steps, keep yer back straicht, maintainin yer balance an watchin ye dinna hurt yer knees. Mind tae keep yer front knee above yer foot, no aheid o it. Noo, stride aroond till yer heart's content an yer thighs are thumpin.

Fur a bit o fun, I want ye tae imagine yersel walkin through a fairmer's field, huvin tae tak big steps tae avoid puttin yer foot in a hunner smelly coo pats.

If ye're daein thae lunges ootside an abody cin see ye, keep yer heid high, gie them a big gallus grin an mak oot tha walkin lik this is an entirely normal thing tae do! Aye, gaun channel yer inner Monty Python wi yer silly walk.

Noo, feel free tae cry, "Big strides mak belters o backsides!"

If ye want tae mak it mair interestin an add a wee bit mair resistance tae gie ye tone, strengthen yer arms by imaginin tha yer haudin a plain loaf oot at airm's length an balancin a bridie oan yer heid. Gaun gie it a try. If onywan thinks ye look lik an eejit, they can jist jog oan!

CLOOTIE DUMPLIN PUTTIN

If ye dinna know wha a clootie dumplin is, whaur huv ye been? Livin doon a dark close? C'moan! This Scottish fruit puddin is biled an steamed an cooked inside a cloth – a clootie. Aye, yer gittin educated here as weel as gittin yer erse kicked.

A'body's a winner!

Noo, awtho a bit o clootie dumplin is delicious as a rare wee treat, it's full o fattenin stuff lik suet, flour, treacle an breidcrumbs so stiy awa. Still, it's guid tae imagine tha it cin be used fur a bit o resistance, playin its part in oor future national sport o Clootie Dumplin Puttin.

Fur this, ye'll need tae be ootside awa frae hazards, other fowks an animals.

Tak a sauft weighted ba, jist lik a clootie dumplin, in yer haund an place it oan yer shooder. Keep yer ither airm straicht, fur balance. Noo, oan the coont o three, lob tha wee stodgy bugger as faur as ye cin. Feel free tae cry, "Free the puddin!"

Gaun, huv a wee competition wi yersel, tryin tae beat yer record or even challenge yer pals tae a Puddin Puttin Party. (Try sayin tha efter a few drams!)

PLAIN BREID LATERAL RAISES

Noo, this next wurkoot is fur yer shooders. Ivry Scottish wean hus grown up scoofin doon a piece an butter wi plain breid, specially a big thick outsider wi a slavver o jam. Haw! Noo I've whetted yer appetite, I'm gaun tae tell ye tae stay awa, cos ye're watchin yer health. Aye, these ur changed days, ma pal. At 250 calories or thaurby, it's nae fur ye noo, except oan high days an holidays!

Still, ye can use yer imagination tae reconnect wi yer childhood favourite, yer plain breid. Sure, ye can!

Staund straicht, imaginin ye've got twa loaves o plain breid in each o yer haunds an raise them up as if yer tryin tae fly ... as if yer tryin tae fly (remember the wee sparra warm up? No so different, eh?)

Go fur 10 repetitions, ma pal, tak a wee rest fur a meenit, then go fur it agin. 3 or 4 sets should sort ye oot an help tone yer tap hauf.

Nae sneakin aff fur a wee piece n jam noo. I'm tellin' ye!

SCOTTISH KERRY OOT STEPS

This auld Scots wurkoot has been a staple fur many a poor needy soul scourin aroon, lookin fur a party oan Hogmanay.

Ready fur the bells, they traipse up an doon the stairs o aw the tenement flats, their kerry oot bags filled wi tins o beer, tonic wine an whisky. Their snottery noses aw red wi the cauld an trotters achin wi aw the hoofin aboot the streets. Thae brave pioneers end up wi buns o steel, calves o concrete an bunions lik golf bas. Let's salute aw the Kerry Oot Heroes by crackin oan wi the Kerry Oot Step Wurkoot!

Furst aff, imagine tha ye've got twa bags o bevvy in yer haunds. Tae keep the Hogmanay vibe gaun, shove oan yer stereo – how aboot a bit o Ally Bain an Phil Cunningham – an turn it up full blast. Gaun yersel! Ye know ye want tae. Want tae go further? Aye, ye dae. Fish oot yon photie o Jackie Bird an pin it tae the wa. Noo, it feels lik it's the coontdoon tae the bells, eh?

Richt then, find yersel an auld ginger crate tae step up an doon oan, grab yer twa bags an git ready. Aff ye go! Up an doon, up an doon, cryin, "Whaur's ra party?". Kerry oan wi yer kerry oot steppin til yer oot o puff. Crackin!

CALEDONIA COOL DOONS

COOLIN DOON

If ye've done aw these exercises richt, ye shuid be sweatin like a cat in a fishmongers by noo. Yer ticker shuid be tickin as fast as a riveter's airm oan pay day an ye'll be ready tae sit or faw doon. Guid fur you!

Weel, noo it's time tae tak deep puffs o air intae yer pipes an gie yersel a big pat oan the shooder.

Gaun yersel!

Aye, it's time fur a wee cool doon. Ye've done it, ma pal an ye shuid be proud o yersel. Ye've earned a Big Tam high five, so ye huv. Och, git me! I aways come o'er aw American when I'm stooshin.

Coolin' doon yer boady is a nice wee end tae wurkin oot. It helps keep aw yer bits an bobs supple an flexible. Aye, warmin up an coolin doon ur lik twa bits o breid in a jeely piece – they're baith important tae help keep the fillin in its place.

Coolin doon cin also help prevent sumthin called Delayed Onset Muscle Soreness. Aye, y'see? I can be aw technical when I want tae be. This is sumthin which can happen a day or twa after exercisin. It's when ye can feel as stiff an battered as an auld sirloin steak.

CAUF CHOKES AN TROTTER PATS

Richt then, staund wi yer legs apart, tak a puff o air in an gently reach doon tae yer richt cauf – yer lower leg, tha is, no a wee baby coo! Mind, if ye canny stretch doon tha faur, dinna fash. Yer boady'll git thaur in its ain time so jist keep stretchin doon in thon general direction.

Noo grab the wee achin cauf – even jist reachin doon as faur as yer thigh or yer knee – an gie it a wee gentle choke wi yer mitts. Noo, push it further, if ye cin, an imagine climbin yer haunds doon frae yer cauf ontae yer ankle an richt doon tae the tap o yer trotter. Wance ye hae trotter contact gie it a wee pat. Whilst yer doon thaur, feel free tae say, 'Yer a guid wee trotter, so ye are. Thanks fur haudin me up aw these years!'. Awww!

Noo, gently climb yer mitts back up tae yer cauf an gently start tae curl yer boady back up tae yer startin position agin. See? Tha wasny too bad, eh?

Richt, repeat wi' yer ither wee baby coo ... naw ... I mean yer cauf! Ye micht find ye cin reach doon tae wan o them easier than the ither but tha's the way o it – we're aw a bit mair flexible oan wan side than the ither. It's aw guid!

PIN TAE ERSE GRABS

This cool doon will stretch yer quadriceps muscles (the wans oan the front o yer pins). It's also guid fur balance tae, wance yer used tae it.

Let's start wi the easy wan furst. Haud oan tae sumthin wi yer left haund – a fireplace, a wa or a pal's shooder – an staund up nice an straicht. Noo, grab yer richt ankle at the shin wi yer richt mitt an pull it up like a caur haundbrake – richt up til yer heel touches yer erse.

Ye'll feel the stretch aw the way doon the front o yer leg wi this wan, so haud it fur a coont o five then let it doon slowly – nae lettin it drap oot yer haund tae the flair lik yer a shite goalie noo! Nice an easy does it, ma pal.

Noo, turn roon an repeat oan yer left side.

Wance ye git better at this cool doon ye cin dae it withoot haudin oan tae onything but fur starters, it's best tae ca canny an dae it wi sum support, dae ye hear? I dinna want ye endin up landin fizzer doon oan the flair!

WIND WHEECHS

Noo, this is a funny wee cool doon, so it is. Livin in Scotland fair maks us a hardy bunch o natives.

Weatherwise, thaur's the cauld, the rain, the grey skies an the high winds tae contend wi. Aye, we've git used tae livin wi a near constant G Force hittin oor coupons which maks us scrunch up wur wee fizzers, giein us wur unique Scottish growls. We may no look as if wur happy oan the ootside but, wur pure beamin oan the inside, eh? Aye, honest!

Onywiy, wan guid thing aboot battlin the gales in Scotland is this, frae babyhood we develop the strength tae walk intae it. Aye, Scots school weans grow up strong an determined, so as a wee salute tae aw thae tough weans, let's tackle this wee cool doon, eh?

Richt, staund wi one trotter behind the ither an push yer shooders forward. Keep yer back trotter flat oan the flair an lean forward as if yer walkin alang Inverness High Street oan a windy winter's day. Keep yer back heel oan the flair an feel yer hamstrings stretch lik a banjo string. Braw! Noo, haud fur coont o five an wance ye've done it, swap o'er an dae it wi the left yin.

OXTER WHIRLS

Aye, the wurld is yer oxter, or is it yer lobster, or is it yer oyster? Weel, wan o them. Anyhoo, this shuid be an easy wee cool doon fur ye.

Staund up straicht an spin yer airms roon in circles – twenty forward an twenty back. No too fast mind cos yer no tryin tae tak aff lik a helicopter, yer jist loosenin up yer oxters an shooders, an the breeze ye cause'll cool ye doon a bit tae.

Braw!

DROOKIT SHOOGLES

Keepin the weather in wur minds, this wee cool doon's git sumthin tae dae wi wur rain. Aye, we've aw been soaked many a time up here in Scotland. So, fur this cool doon ye'll huv nae problem in summonin yer inner drookitness, imaginin yer shakin aw the rain aff ye.

Aye, jist remember aw thae days at the beach wi yer wee pail an spade, the rain pishin doon oan yer heid. It'll nae be hard tae tap intae thae guid memories o wet sand, soakin fish suppers an pokey hat ice creams. Then think o steppin intae the dryness an shakin aw the rain aff ye, lik a big hairy dug. Aye, tha's it, jist shake an shake, shakin aff water, shakin aff the tightness o yer muscles, shakin aff tension an shakin aff stress. Braw!

So c'moan, let's go fur it.

Richt, staund up an gently shake yer airms aw the wiy doon tae yer fingers. Guid! Noo turn the top hauf o yer boady tae the left side, wi yer feet an sporran forward an hae anither guid shake oot. Haud it thaur fur five then turn tae the richt side, shake it aw oot an back we go tae the start.

Noo, tip yer heid tae the richt an imagine lettin the rain drip aff yer napper an the wet run oot o yer lug. Haud it thaur fur five an noo tip yer heid tae the left.

BIG TAM'S POST WURKOOTS

YE'VE DONE IT! GAUN YERSEL!

Guid fur you! Ye've done it. Yer aw cooled doon! How ur ye feelin? Whit's tha ye say? Ur feelin like a burst baw? Guid! Tha means ye've been wurkin oot hard an ye've earned sum rest.

Haud oan jist a wee meenit, tho. I dinna want ye plantin yer bahookie back oan tha sofa o yers jist yet. Naw, naw. Its aw fine an dandy tae work tha boady but how aboot a wee bit o work oan yer thochts in yer napper an git ye focused oan feelin guid inside tae?

C'moan, ye'll like this bit. Ye will, honest. Trust me, I'm a doactor. Weel, no really, but ye know ...

SEMMIT AN DRAWERS SAUNA SESSION

If ye canny afford one o yon fancy saunas then here's the wiy tae git the sweat pishin oot ye.

Fill yer bath up wi hoat water but dinna git in tae it, mind – ye'll burn the erse aff yersel, ya bam ye. Naw, jist wait a meenit an let yer room aw steam up. Noo, strip doon tae yer semmit an drawers an fur extra heat, pin yer overdue bills oan the wa an stare at them. Aye, tha'll guarantee tha ye'll sweat like a foontain!

Sit doon oan the pan a while an relax in yon steamie. Be proud thit ye've done a tha! O'er the next few days ye're gonny ache in bits ye didny know ye hud but it'll aw be wurth it, cos awready yer beatin the sofa tatties who are still sittin oan their erses.

A Big Tam high five fur ye! Gaun yersel!

BIG
TAM'S
SOAK
for
ACHY
BITS

BIG TAM'S MOTIVATIN MEDITATION

Noo, it's time tae rest yer erse an rest yer napper.

Efter aw yer puffin an pantin, warmin up, wurkin oot, coolin doon, steamin up, it's time tae rest up an soothe yer heid wi a wee treat.

Here's a wee meditation tha'll re-wire yer napper, gittin yer thochts oanside, pointin ye in the wiy ye want tae go.

Richt, plonk yer bahookie doon in yer favourite chair an tak sum time tae yersel. The wurld ootside cin wait a wee while. Aye, it'll keep spinnin withoot ye. Noo, jist sit richt back an tak a breath in. A richt guid deep yin. Breathe in, richt doon intae yer pipes an haud it fur a wee moment. Slowly noo. Richt, let it aw oot.

Noo, dae tha agin. Are ye ready? Breathe in, haud it fur a wee moment, noo slowly let it oot.

As ye breathe in, say in yer heid "I'm breathin in love an light", as ye breathe oot say, "I'm breathin oot aw the shite!". Braw. Noo, jist imagine yer boady relaxin, nice an deep, sinkin intae the chair.

As ye keep breathin deep, in an oot, I'm gonny tak ye oan a wee journey in yer heid, ma pal. Ye know aw thae thochts we blethered aboot earlier oan in this wee book? Remember how we blethered aboot how important it was tae keep thae thochts o yers aw happy an guid? Weel, we're gonny help git yer napper thinkin o braw stuff richt noo. Y'see, thochts ur jist like visitors tae yer hoose, ye cin hae guid fowk chappin yer door or richt bams wantin in. It's up tae yersel who ye want tae let in – so only allow in the guid yins. Keep thae bams oot! C'mon, ma pal. Let's git it done!

Richt, imagine yersel lookin intae yer mirror in a couple o months time. I want ye tae see yersel in the mirror, lookin exactly how ye want tae look, ma pal. Most importantly, see yersel aw happy an braw. Look at yer claithes an how they fit ye aw nice. Aye, yer lookin a million dollars. Noo, imagine a big smile oan yer pus as ye stare intae tha mirror. Whit a richt belter ye ur! Go oan, gie yersel a compliment ... rank patter is allowed here ... ye deserve it ...

"Yer a richt stoater!"
"Yer a happy healthy hottie!"
"Whit a richt belter ye ur!"

Noo, I want ye tae imagine yersel oot an aboot feelin aw guid as ye daunder doon the road. See yersel bein able tae reach up tae the top shelf in the Pound Shop tae git tha last pack o shammies withoot a groan.

Imagine yersel haein a wee dance doon the frozen aisle o the supermarket withoot puffin lik a burst balloon. Crackin!

Noo, tak sum time an jist think o how ye got tha braw. Aye, think oan aw yer wurkoots, aw yer sweatin an shoutin an bawlin. Think o aw the times ye cried tha ye couldny dae it. Chuffin nonsense! Ye've done it! Aw the greetin an the drama was worth it, ma pal.

Noo, let's tak ye back tae here an noo cos yer oan yer wiy, richt oan the road tae Gallus City an it's aw gonny be wurth it. Keep yer focus cos cuttin doon oan yon fat an sugar has made YOU sweeter, ma pal. Aye, sayin naw tae aw the scran tha made ye feel shite was right. Focus tha napper o yers, ma pal. It's awready happenin, ye've kicked it aw aff an ye cin be fair chuffed wi yersel noo.

Tak anither breath in thae pipes o yers. Braw. Noo, repeat the Big Tam affirmations a couple o times tae git yir auld heid straicht an oan track:

"Yesterday's history an the morra's nae borra"

"Think braw, live braw an be braw"

"Eatin shite maks yer claithes tight"

"Yer erse'll grow if ye dinna git up an go"

"Crawl or run, jist git it done"

IT'S UP TAE YOU NOO!

Weel done, ma pal. Ye're oan yer wiy tae guid health, tae happiness, tae a new way o life. I wuid wish ye luck but luck's no got onythin tae dae wi it. It's aw up tae YOU! Keep at it an enjoy ivry maument.

Gaun, ma pal. Ye know ye cin.

GIT IT DONE!

Slainte!

BIG TAM'S DIARY

7 DAY SCRAN 'N' BEVVY DIARY

Fill the fridges wi notes o ivry single thing ye eat an drink o'er the next 7 days.

It's tae easy tae chuck stuff doon yer neck withoot thinkin, so set aboot it an gie it sum thocht!

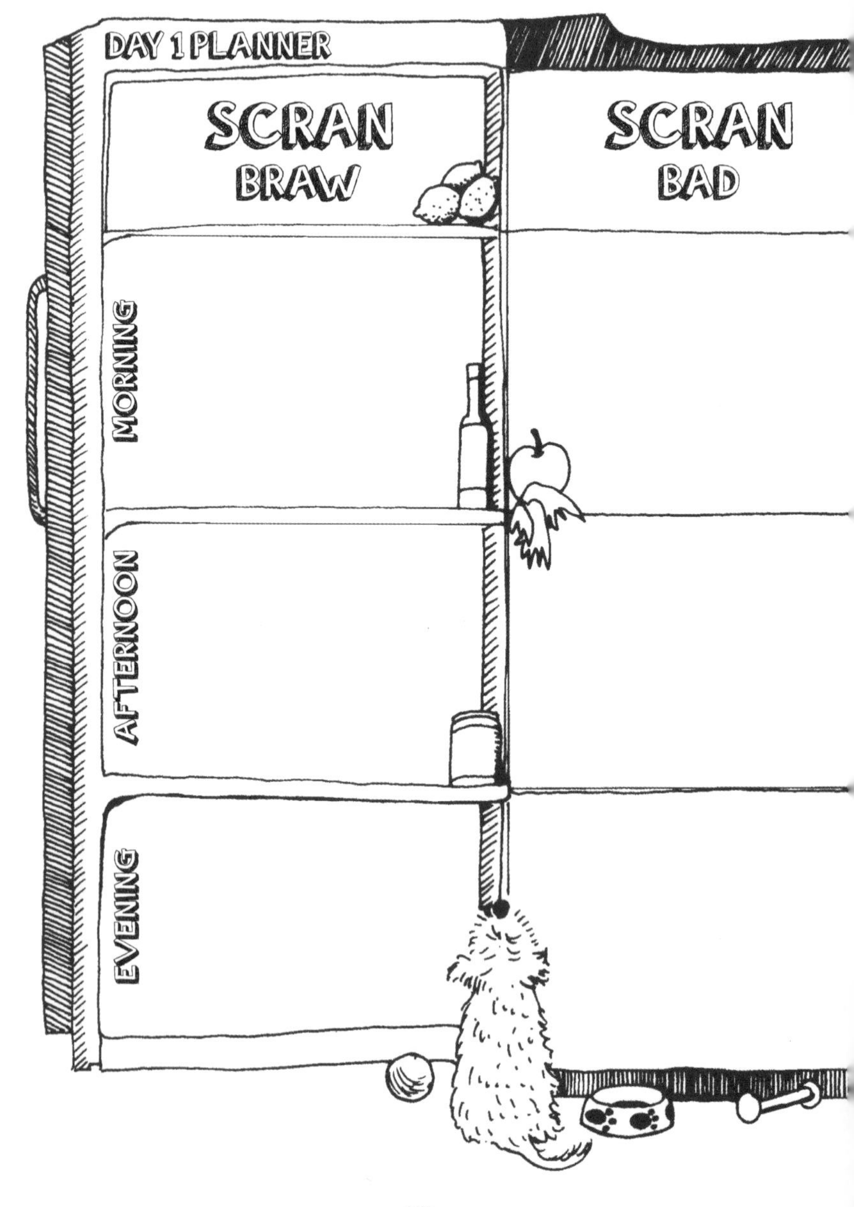
DAY 1 PLANNER
SCRAN
BRAW
SCRAN
BAD
MORNING
AFTERNOON
EVENING

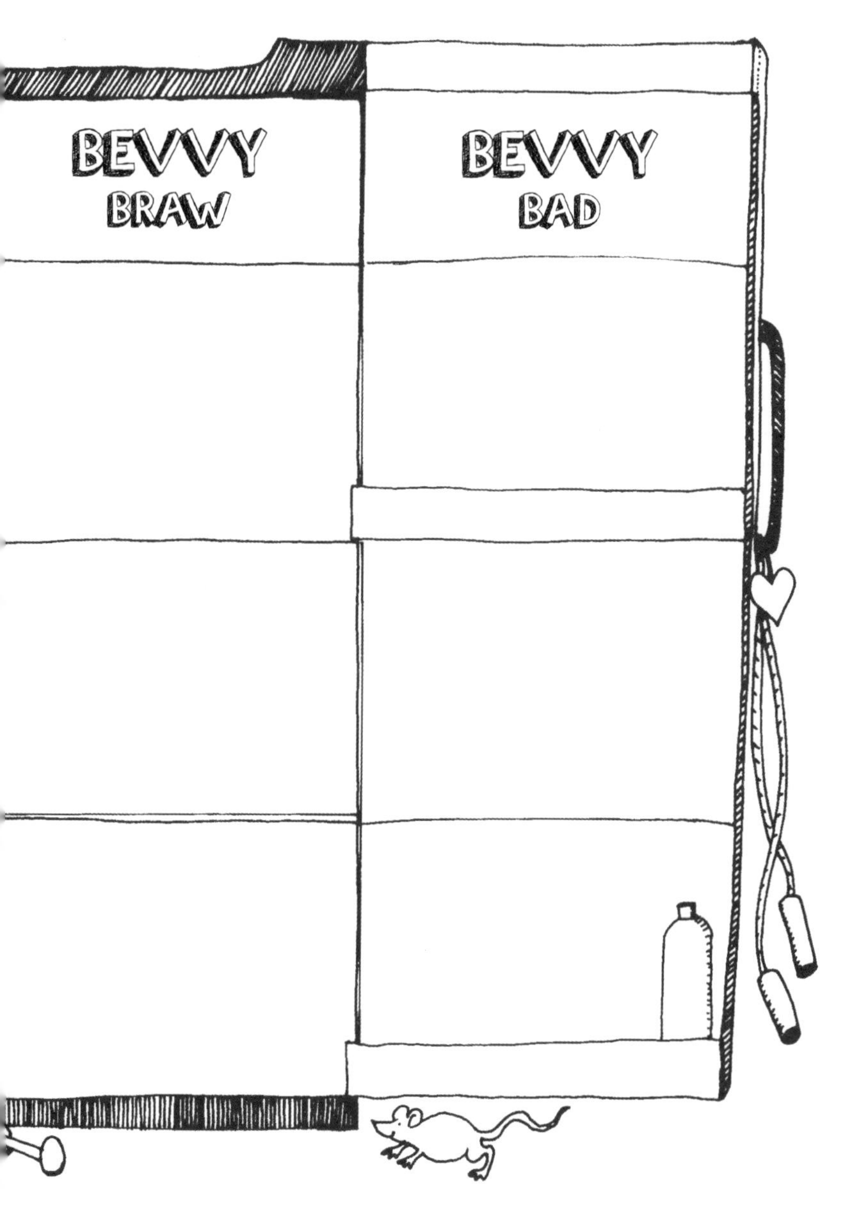
BEVVY
BRAW
BEVVY
BAD

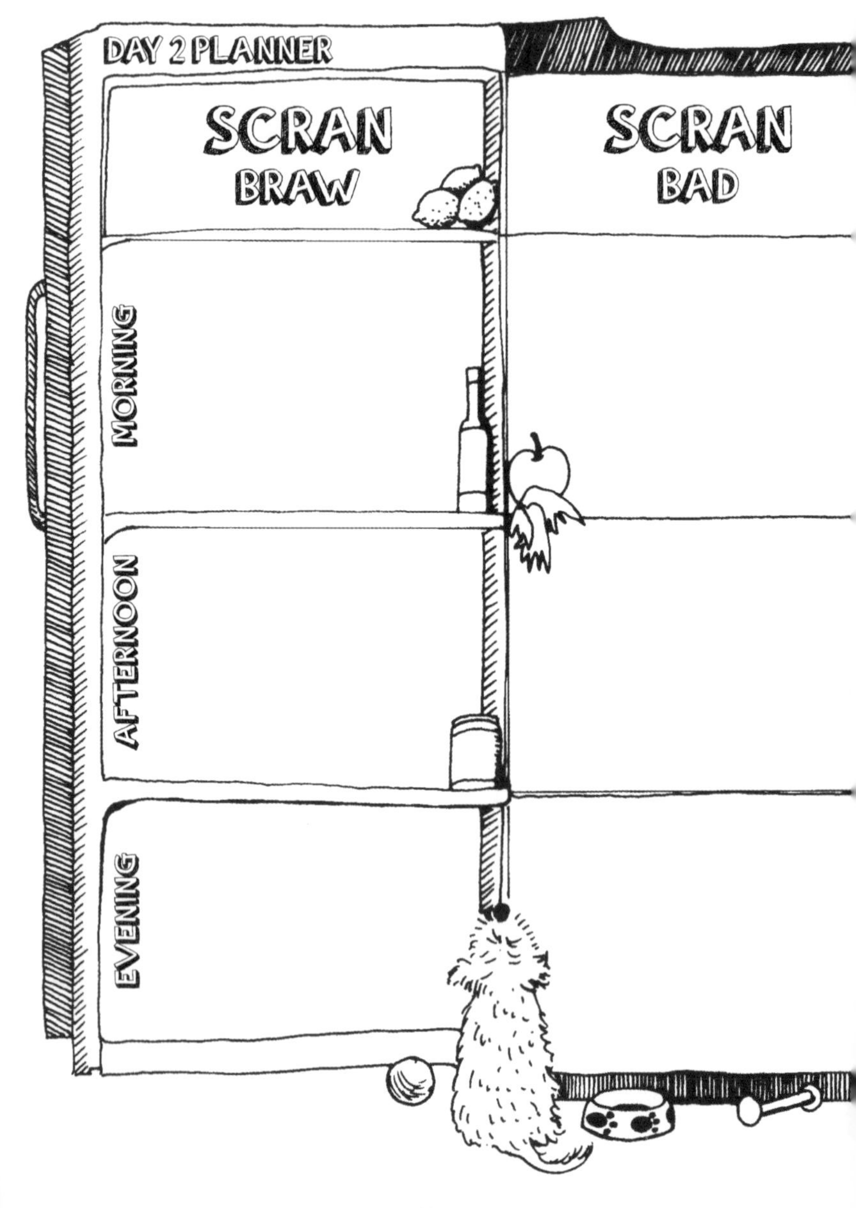
DAY 2 PLANNER
SCRAN BRAW
SCRAN BAD
MORNING
AFTERNOON
EVENING

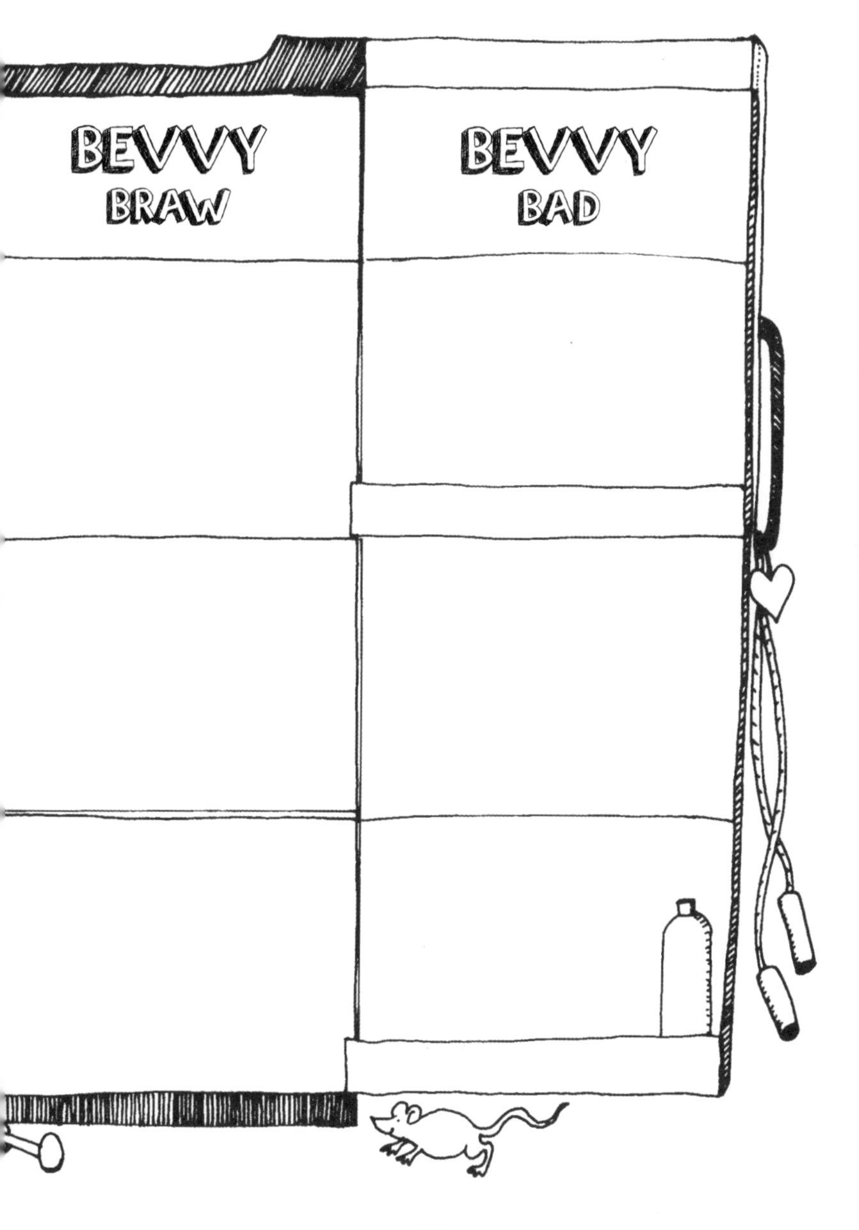
BEVVY
BRAW
BEVVY
BAD

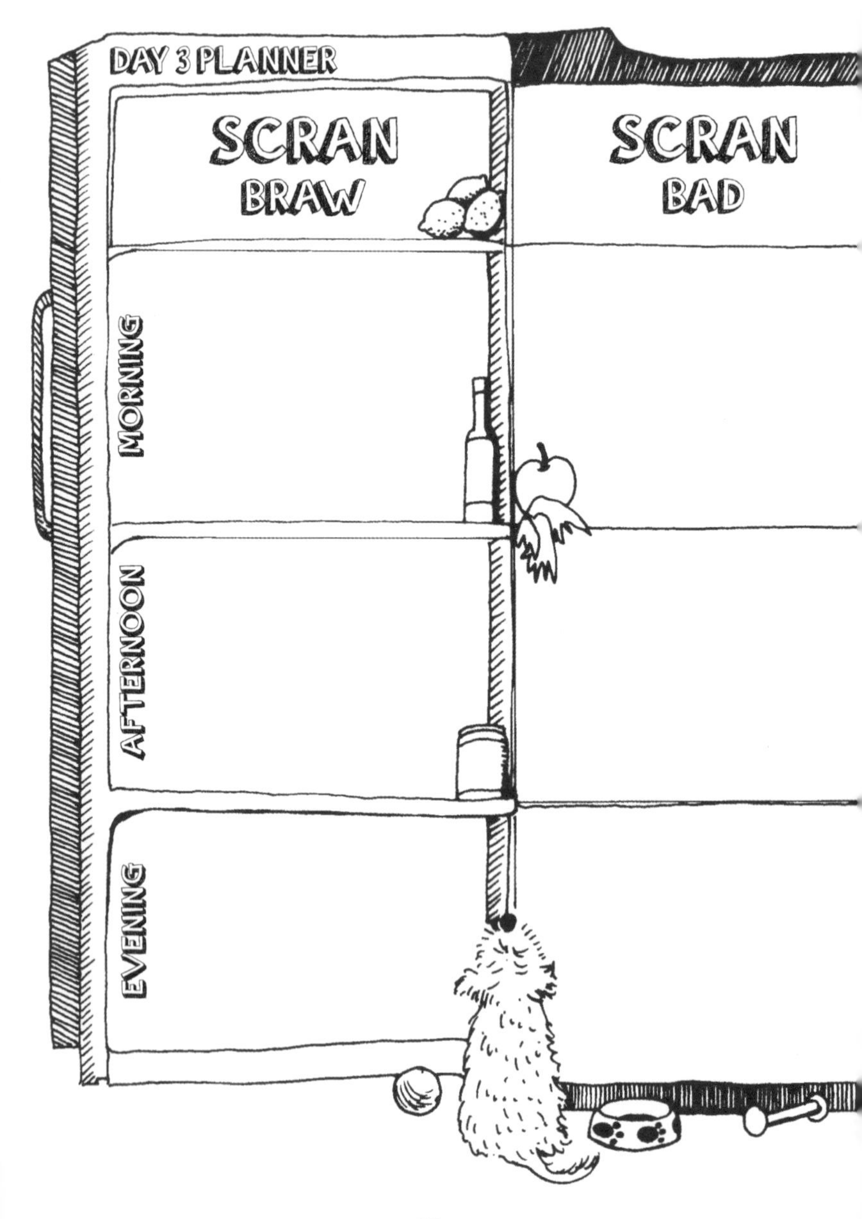
DAY 3 PLANNER
SCRAN
BRAW
SCRAN
BAD
MORNING
AFTERNOON
EVENING

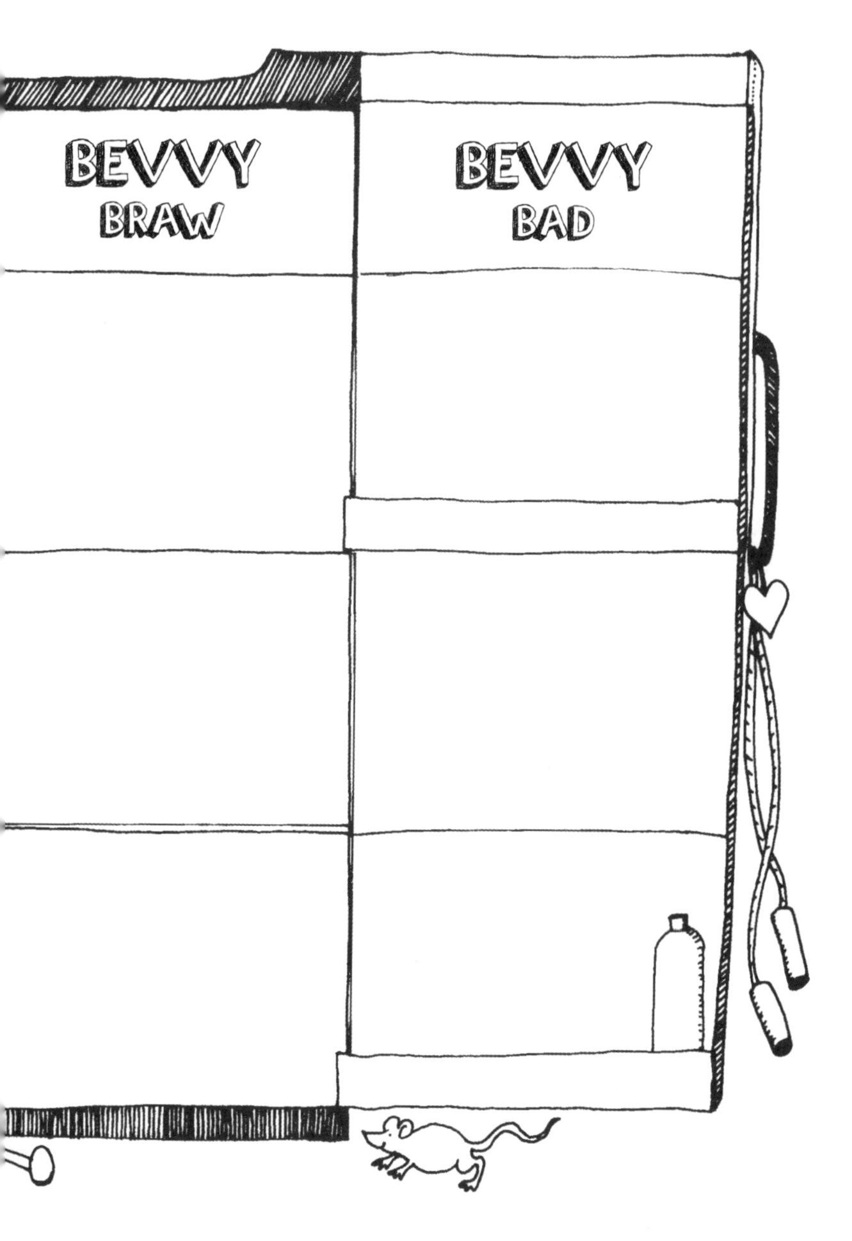
BEVVY
BRAW
BEVVY
BAD

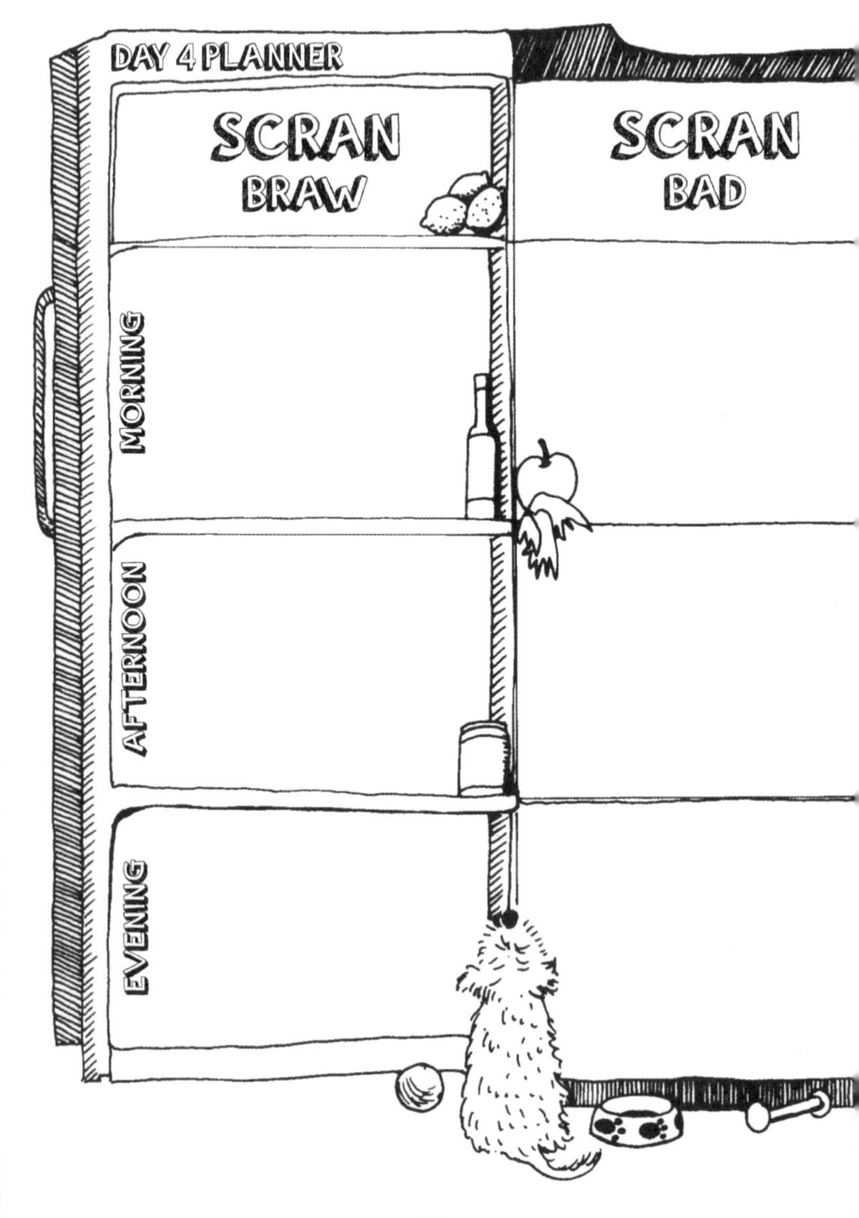
DAY 4 PLANNER
SCRAN BRAW
SCRAN BAD
MORNING
AFTERNOON
EVENING

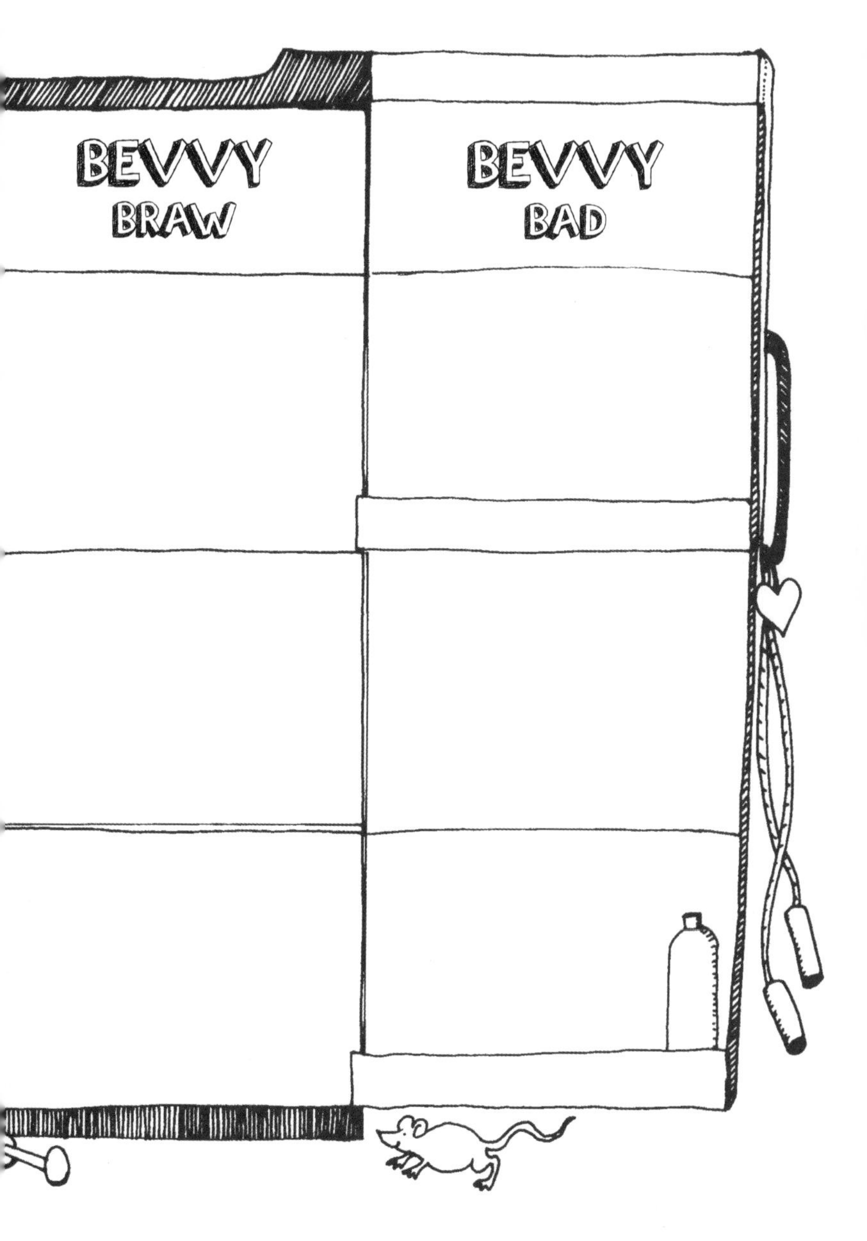
BEVVY
BRAW
BEVVY
BAD

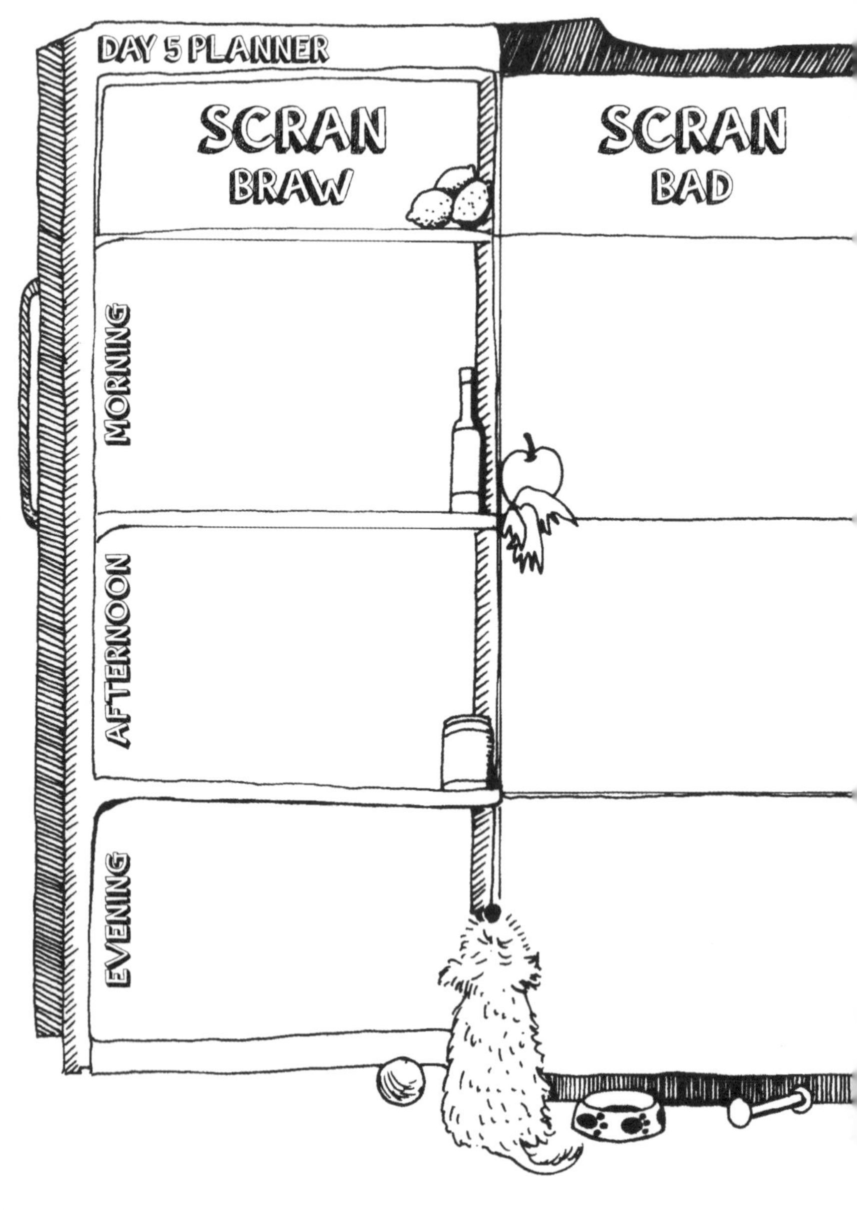
DAY 5 PLANNER
SCRAN
BRAW
SCRAN
BAD
MORNING
AFTERNOON
EVENING

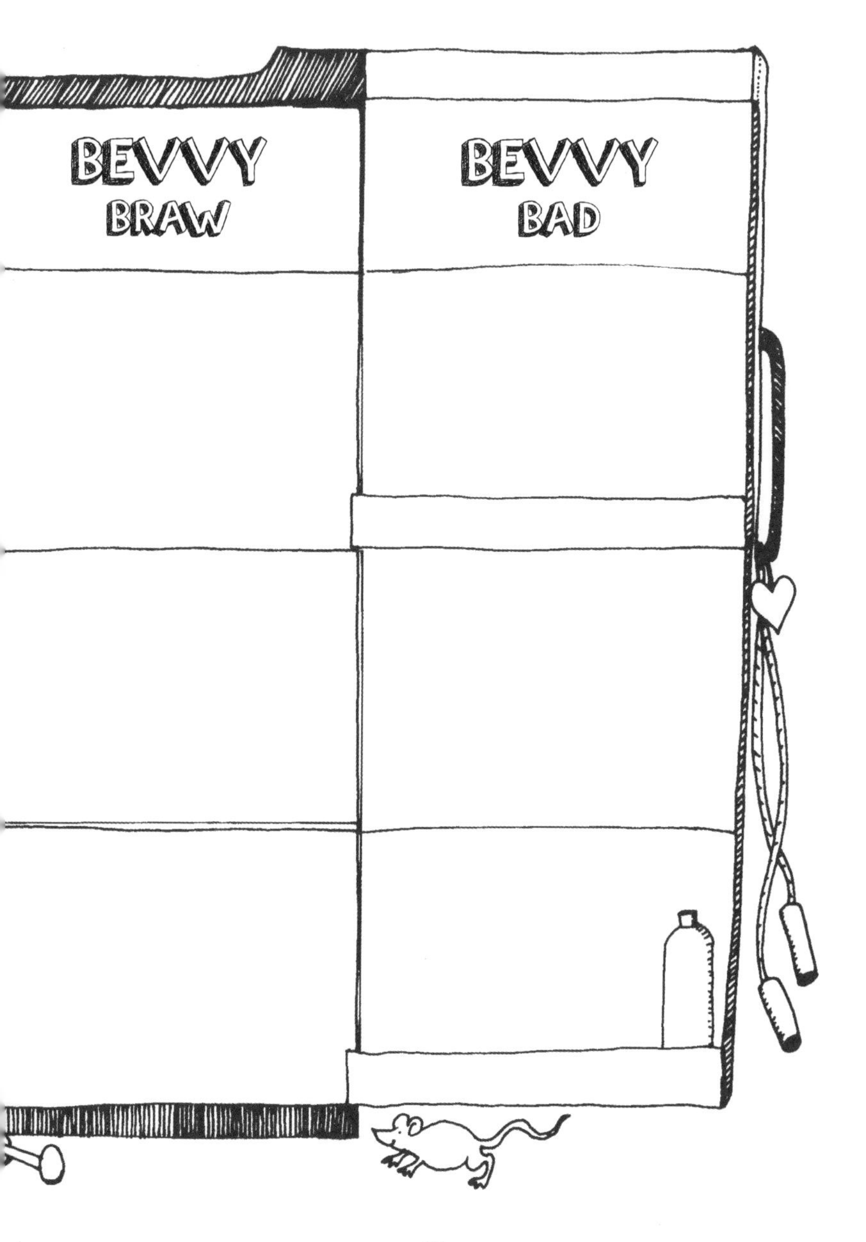
BEVVY
BRAW
BEVVY
BAD

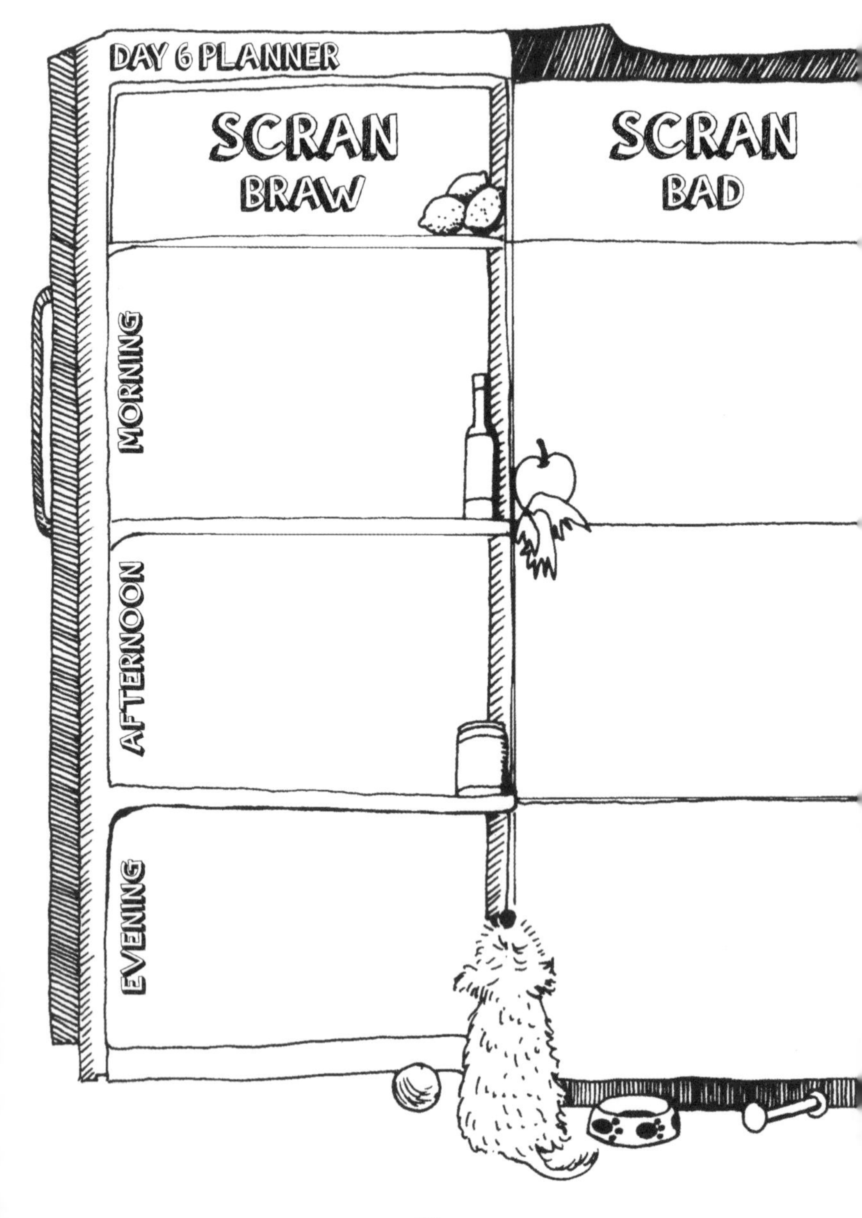
DAY 6 PLANNER
SCRAN
BRAW
SCRAN
BAD
MORNING
AFTERNOON
EVENING

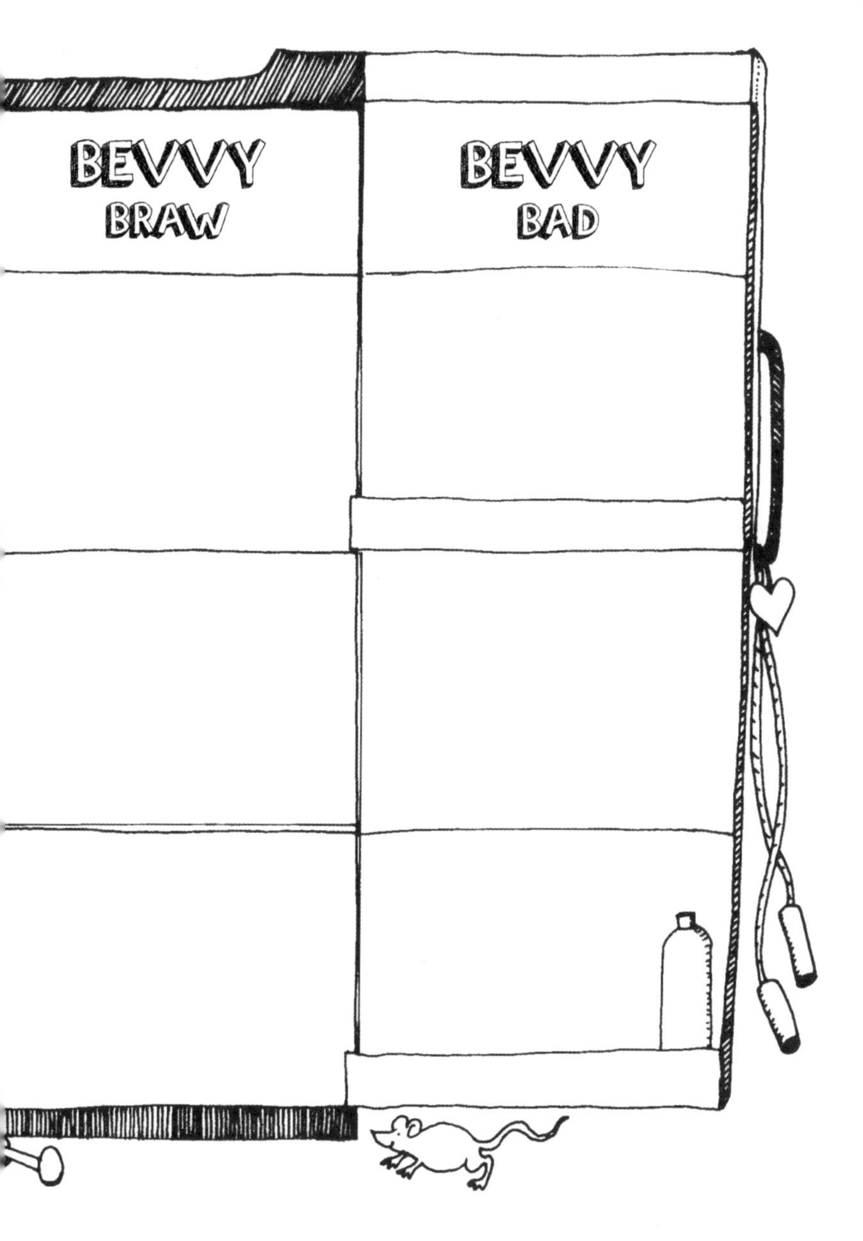
BEVVY
BRAW
BEVVY
BAD

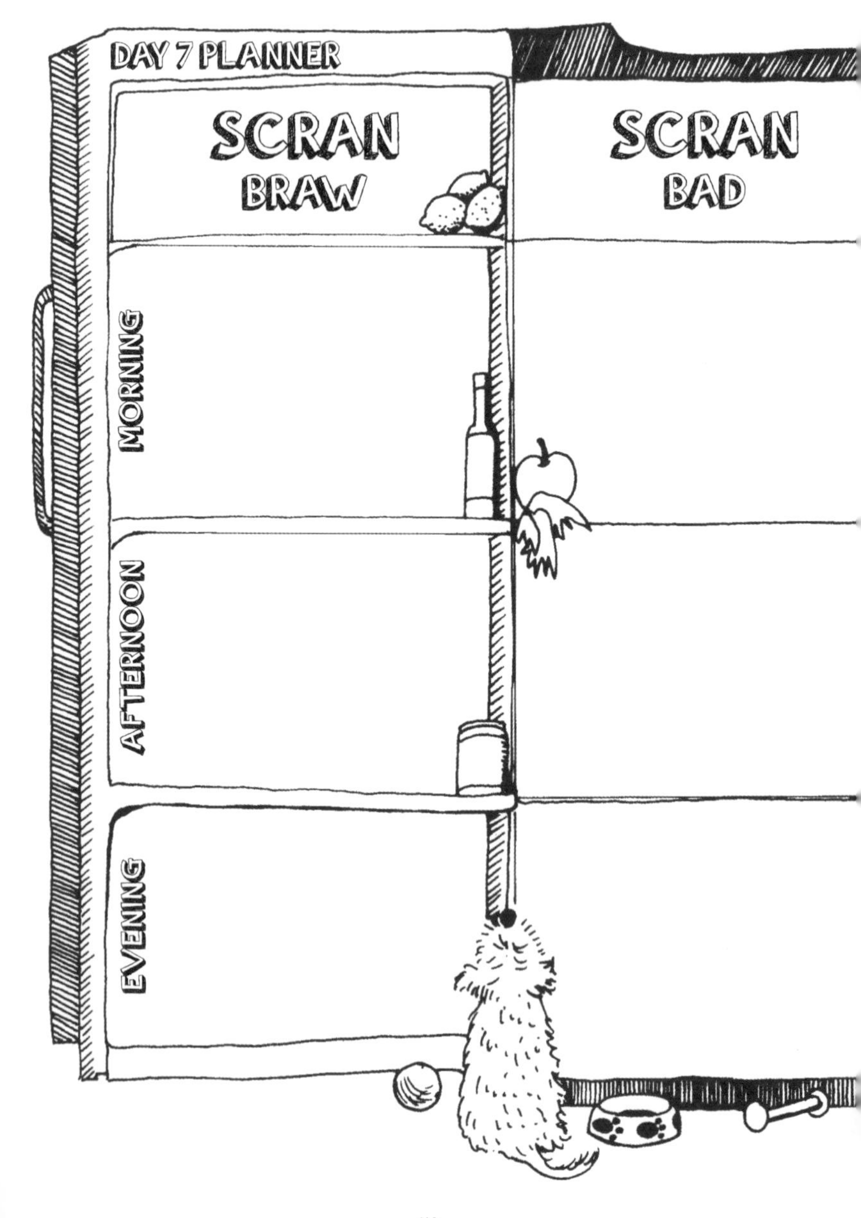
DAY 7 PLANNER
SCRAN
BRAW
SCRAN
BAD
MORNING
AFTERNOON
EVENING

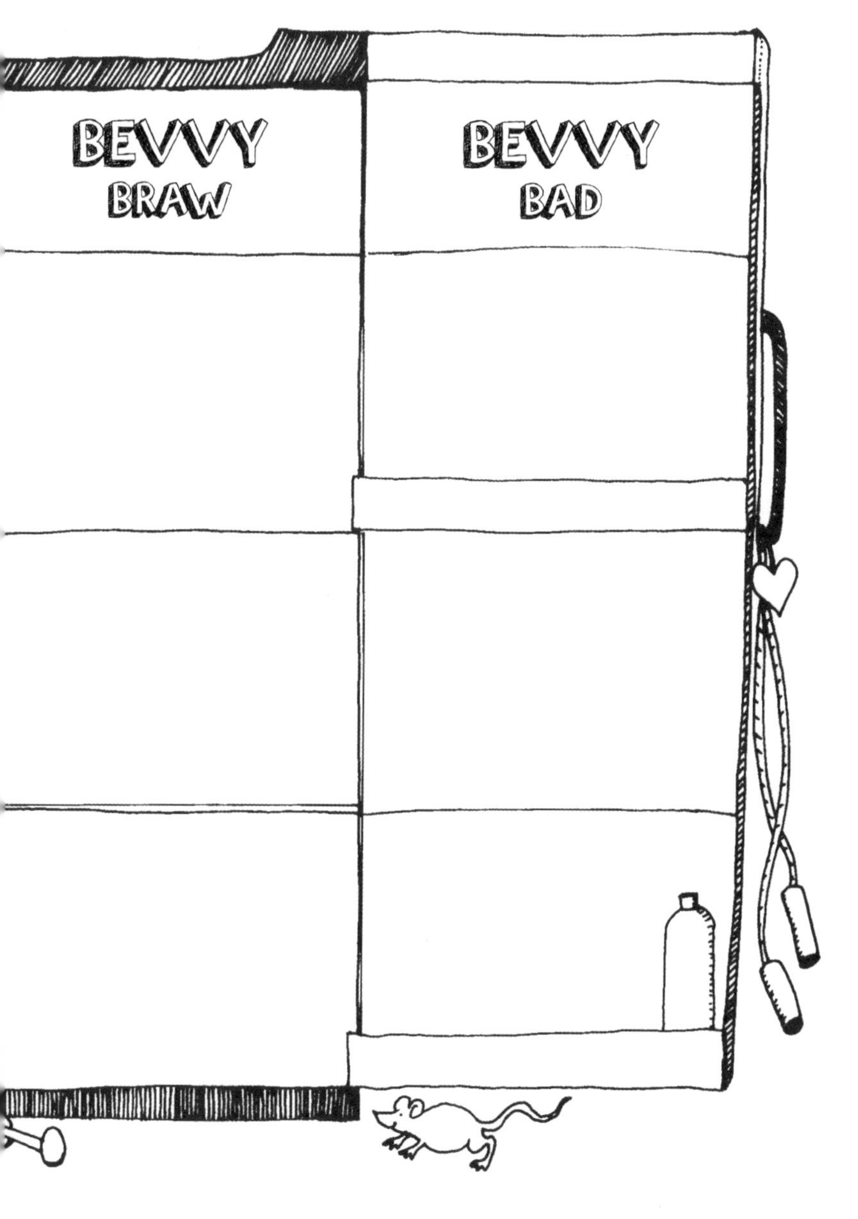
BEVVY
BRAW
BEVVY
BAD

BIG TAM'S TRANSLATION

... A WEE BIT O HELP WI SUM O THAE TRICKY SCOTS WURDS!

bahookie .... bottom
bampot .... silly person
bawbag .... really silly person
bawheid .... really really silly person
bevvy .... alcoholic drink
birlin .... dancing
blootered .... drunk
(gie ye the) boak .... (makes you) sick
boufin .... smelling
braw .... great
breeks .... trousers/pants
caur .... car
chivs .... nudges/encourages
drawers .... underpants
eejit .... idiot
erse .... bottom
faffin .... fussing/wasting time
fanny baws .... silly person (!)
flair .... floor
feartie .... scaredy cat
footerin .... fussing/wasting time
gallus .... bold
ginger .... fizzy drink
greetin .... crying
gob/gub .... mouth
guid .... good

hauns .... hands
hirplin .... limping
hootenanny .... knees-up
hooter .... nose
jobbies .... poohs
keeched .... poohed
keek .... look
kyte .... belly
lugs .... ears
mair .... more
meenits .... minutes
napper .... head
offy .... off licence
oxter .... armpit
peepers .... eyes
pins .... legs
pisser .... erm ... plonker
pokey hat .... ice cream cone
reddie .... embarrassed red face
sair .... sore
scran .... food
scratcher .... bed
scoffin .... eating
semmit .... vest

sleekit .... sly
skedaddle .... get a move on
sookin .... sucking
soor ploom .... sour but yum boiled sweetie
sparra .... sparrow
startit .... started
stooshie .... temper
stovies .... Scots dish of stewed meat and potatoes
the morra .... tomorrow
thrapple .... throat
trotters .... feet
winchin .... romancing ... awwww!

Afore ye go ...

... head o'er tae www.bigtamswebsite.com

whaur ye'll find thit thaur's a whole wurld o information an support waitin fur ye as ye start this new part o yer life.

Waitin fur ye are free downloads, wee videos, a load o information and a load o chat.

Happy days!